PROJETO ACOLHIMENTO

UMA RODA DE CONVERSA SOBRE SAÚDE MENTAL
PARA ALÉM DOS MUROS DA ESCOLA

Editora Appris Ltda.
1.ª Edição - Copyright© 2024 dos autores
Direitos de Edição Reservados à Editora Appris Ltda.

Nenhuma parte desta obra poderá ser utilizada indevidamente, sem estar de acordo com a Lei nº 9.610/98. Se incorreções forem encontradas, serão de exclusiva responsabilidade de seus organizadores. Foi realizado o Depósito Legal na Fundação Biblioteca Nacional, de acordo com as Leis nºs 10.994, de 14/12/2004, e 12.192, de 14/01/2010.

Catalogação na Fonte
Elaborado por: Dayanne Leal Souza
Bibliotecária CRB 9/2162

P964p 2024	Projeto acolhimento: uma roda de conversa sobre saúde mental para além dos muros da escola / Janaina Nogueira, Jefferson Bruce (orgs.). – 1. ed. – Curitiba: Appris, 2024. 135 p. : il. ; 21 cm. – (Coleção Saúde Mental). Vários autores. Inclui referências. ISBN 978-65-250-5198-7 1. Saúde mental. 2. Desenvolvimento cognitivo. 3. Sala de aula. I. Nogueira, Janaina. II. Bruce, Jefferson. III. Título. IV. Série. CDD – 370.152

Livro de acordo com a normalização técnica da ABNT

Appris editora

Editora e Livraria Appris Ltda.
Av. Manoel Ribas, 2265 – Mercês
Curitiba/PR – CEP: 80810-002
Tel. (41) 3156 - 4731
www.editoraappris.com.br

Printed in Brazil
Impresso no Brasil

JANAINA NOGUEIRA
JEFFERSON BRUCE
(ORG.)

PROJETO ACOLHIMENTO

UMA RODA DE CONVERSA SOBRE SAÚDE MENTAL
PARA ALÉM DOS MUROS DA ESCOLA

Appris
editora

CURITIBA, PR
2024

FICHA TÉCNICA

EDITORIAL	Augusto Coelho
	Sara C. de Andrade Coelho

COMITÊ EDITORIAL

Ana El Achkar (Universo/RJ)
Andréa Barbosa Gouveia (UFPR)
Antonio Evangelista de Souza Netto (PUC-SP)
Belinda Cunha (UFPB)
Délton Winter de Carvalho (FMP)
Edson da Silva (UFVJM)
Eliete Correia dos Santos (UEPB)
Erineu Foerste (Ufes)
Fabiano Santos (UERJ-IESP)
Francinete Fernandes de Sousa (UEPB)
Francisco Carlos Duarte (PUCPR)
Francisco de Assis (Fiam-Faam-SP-Brasil)
Gláucia Figueiredo (UNIPAMPA/ UDELAR)
Jacques de Lima Ferreira (UNOESC)
Jean Carlos Gonçalves (UFPR)
José Wálter Nunes (UnB)
Junia de Vilhena (PUC-RIO)

Lucas Mesquita (UNILA)
Márcia Gonçalves (Unitau)
Maria Aparecida Barbosa (USP)
Maria Margarida de Andrade (Umack)
Marilda A. Behrens (PUCPR)
Marília Andrade Torales Campos (UFPR)
Marli Caetano
Patrícia L. Torres (PUCPR)
Paula Costa Mosca Macedo (UNIFESP)
Ramon Blanco (UNILA)
Roberta Ecleide Kelly (NEPE)
Roque Ismael da Costa Güllich (UFFS)
Sergio Gomes (UFRJ)
Tiago Gagliano Pinto Alberto (PUCPR)
Toni Reis (UP)
Valdomiro de Oliveira (UFPR)

SUPERVISORA EDITORIAL	Renata C. Lopes
PRODUÇÃO EDITORIAL	Daniela Nazário
REVISÃO	Ana Lúcia Wehr
DIAGRAMAÇÃO	Bruno Ferreira Nascimento
CAPA	Carlos Pereira
REVISÃO DE PROVA	Jibril Keddeh

COMITÊ CIENTÍFICO DA COLEÇÃO SAÚDE MENTAL

DIREÇÃO CIENTÍFICA Roberta Ecleide Kelly (NEPE)

CONSULTORES Alessandra Moreno Maestrelli (Território Lacaniano Riopretense)

Ana Luiza Gonçalves dos Santos (UNIRIO)

Antônio Cesar Frasseto (UNESP, São José do Rio Preto)

Felipe Lessa (LASAMEC - FSP/USP)

Gustavo Henrique Dionísio (UNESP, Assis - SP)

Heloísa Marcon (APPOA, RS)

Leandro de Lajonquière (USP, SP/ Université Paris Ouest, FR)

Marcelo Amorim Checchia (IIEPAE)

Maria Luiza Andreozzi (PUC-SP)

Michele Kamers (Hospital Santa Catarina, Blumenau)

Norida Teotônio de Castro (Unifenas, Minas Gerais)

Márcio Fernandes (Unicentro-PR-Brasil)

Maria Aparecida Baccega (ESPM-SP-Brasil)

Fauston Negreiros (UFPI)

AGRADECIMENTO

"Foi da transformação de nossa dor em motivação e incentivo que chegamos até aqui"

In memoriam:
Wilson Nogueira e Jorge Bruce

PREFÁCIO

A história de um projeto interdisciplinar, que alinha Língua Portuguesa e Geografia, intitulado "Acolhimento", faz-se representada por um movimento de escuta e encontro de ideias. É dessa forma que Nogueira e Bruce, em *Projeto Acolhimento: uma roda de conversa sobre saúde mental para além dos muros da escola*, buscam organizar as suas experiências acerca da prática do acolhimento em sala de aula, com o intuito de promover a reflexão sobre saberes novos/velhos na escola. Para isso, lançam mão de um olhar atento, de uma escuta ativa, da pergunta para conhecer, o que reflete um movimento subjetivo e ambíguo que está no ato da pesquisa e que se mistura com as suas próprias histórias de vida.

Os autores aproveitam a repercussão obtida pelo sucesso inicial do projeto para se doarem ao momento da escrita, por meio do qual ativam memórias, gravam vivências e registram ideias. No entanto, confirmando a abordagem interdisciplinar, eles congregam e dão voz a atores da área da Psicologia, da Nutrição e da Educação Física e aos alunos participantes do projeto. Assim, cada um deles desvela-se diante de estudos e de sua história para se compreender acolhedor, na possibilidade de encontrar no passado a fonte organizadora do presente.

Essa postura envolve o ato de pensar; um pensar que não se efetiva de modo isolado, pois abrange o "eu", o "sou", assim como o "nós" e o "somos", e se encaminha a um conhecimento integral e promotor de mudanças. Consolida-se, desse modo, um projeto ousado que traz a saúde mental para o centro do debate educacional, junto ao ensino de língua e de ambiente, e permite que os estudantes encontrem um espaço para discutir seus sentimentos e melhorar o bem-estar geral.

O livro se estrutura em três aspectos: o primeiro retrata o nascimento, o desenvolvimento e a consolidação do projeto temático escolar sobre saúde mental; o segundo se volta à apresentação de áreas específicas e suas respectivas possíveis contribuições acerca do que envolve a saúde mental; e o terceiro encaminha uma síntese sobre os resultados do projeto com a apresentação dos relatos. Por desconsiderar os estigmas que envolvem o tema da saúde mental, abrir espaço para a discussão desse tema e promover um aprendizado mais holístico, o livro é de leitura obrigatória aos que pensam a educação como um direito de todos.

Kátia Abreu
Uerj/FFP

Estimado leitor,

Você está sendo convidado a conhecer uma proposta pedagógica que teve como ideia inicial fomentar espaços de reflexão sobre saúde mental em nossas salas de aula. Falo "nossas" porque esta proposta tem como idealizadores dois professores que atuam em uma mesma instituição de ensino, com um mesmo propósito, porém em segmentos diferentes.

Para que você compreenda todo o contexto de concepção do projeto, contarei um pouquinho de nossas histórias de vida para que compreenda como chegamos até aqui e abrace a proposta. Esta carta é escrita por duas mãos: a minha, professora Janaina Nogueira, e a do meu parceiro e amigo de trabalho, professor Jefferson Bruce.

Começarei falando por mim, professora de Língua Portuguesa pela Universidade Federal Fluminense, há quase 20 anos, e mestre em Linguística pela Universidade do Estado do Rio de Janeiro (Uerj), filha de um casal de trabalhadores que concluíram apenas o primário, como era a nomenclatura da época. Ainda jovens, eles constituíram juntos uma família de três filhos. Contudo, devido ao problema de alcoolismo do marido, essa união chegou ao fim após longos 16 anos de muitas dificuldades. Assisti, após a separação, ao meu pai se entregar ao vício e morrer aos poucos, acometido pela tuberculose e por uma depressão profunda. Por falta de conhecimento, não consegui entendê-lo, assim como também não consegui ajudá-lo a lutar pela vida. Aos 51 anos, tanto a doença respiratória quanto a psicossomática fizeram com que ele perdesse a batalha.

Mesmo sabendo que eu era muito jovem para compreender a situação, senti, por muitos anos, uma culpa infinita, um sentimento doloroso de não ter compreendido a tempo que o principal fator de todo o sofrimento que meu pai passava era em decorrência da depressão.

Hoje, após 18 anos de seu falecimento, consigo entender que não consegui ajudá-lo por falta de conhecimento e que cada pessoa tem o direito de fazer suas próprias escolhas. Nesse processo de entendimento e amadurecimento, conheci outras pessoas que também vivenciaram questões parecidas com a minha e que puderam ensinar-me como ver determinadas situações por outro ponto de vista.

Dentre esses amigos, cito o professor Jefferson, com quem compartilhei algo em comum em nossa trajetória de vida; tivemos uma identificação imediata em nossas práticas pedagógicas. Ao conversarmos sobre atividades que desenvolvíamos em nossas aulas, estabelecemos um canal de diálogo que poderia ser ampliado por muitos outros espaços. Dessa forma, ao compartilharmos nossas vivências, entendemos que poderíamos fazer dessas experiências algo que pudesse ajudar outras pessoas. É assim começamos a elaborar o projeto "Acolhimento". Mas agora vou deixá-lo contar a própria história, para que vocês possam conhecê-lo também.

Em finais da ditadura e início da redemocratização, Iaciara Coutinho e Jorge Bruce encontrariam outro importante motivo para comemorar. Jefferson Bruce estava nascendo. Eu, que nasci e cresci no então subúrbio carioca, hoje, Zona Norte, desde muito cedo, tive que lidar com desafios, dificuldades, quedas e superações. A maior parte da minha vida escolar deu-se na rede pública municipal do Rio de Janeiro. Assim, além dos conteúdos específicos, fui aprendendo também as diversas realidades da vida: as diferenças econômicas, étnicas, políticas, religiosas, dentre outras possíveis. Foi nesse cenário diverso que me constituí como indivíduo, cidadão, e foi assim também que descobri a minha vocação: servir ao próximo. Creio que, por esse motivo, escolhi o magistério, mais especificamente, a Geografia. E por que a Geografia? Talvez pelo movimento, pelo dinamismo, assim como Milton Santos[1] afirmou em documentário.

---

[1] Milton Santos: "Foi um geógrafo brasileiro, considerado por muitos como o maior pensador da história da Geografia no Brasil e um dos maiores do mundo. Destacou-se por escrever e abordar sobre inúmeros temas, como a epistemologia da Geografia, a globalização, o espaço urbano, entre outros" (PENA, Rodolfo F. Alves. "Milton Santos"; *Brasil Escola*. Disponível em: https://brasilescola.uol.com.br/geografia/milton-santos.htm. Acesso em: 3 nov. 2024).

Foi por volta dos meus 19 anos que ingressei na UFRJ para cursar Geografia. Assim que entrei para a universidade, busquei não só trabalho, mas uma oportunidade de lecionar. Foram nos pré-vestibulares sociais que iniciei minha carreira, pois o trabalho voluntário me oportuniza a conhecer as pessoas e a aprender com elas.

Após formado, mais uma vez, vi-me transitando por diferentes grupos, com diferentes realidades e objetivos. Trabalhei na Zona Norte do Rio, na Zona Sul, em outros municípios, enfim, foram muitos os lugares, muitas as pessoas com quem trabalhei e ainda trabalho. Se, no âmbito profissional, vivi constantes mudanças, desafios e aprendizados, na minha vida pessoal não seria diferente. Casei-me pela primeira vez, conquistei meu primeiro imóvel, os meus primeiros carros, arrumei dois cães, mudei de cidade, briguei e reaproximei-me diversas vezes do meu pai.

E por que falar do meu pai? Porque foi ele quem me ensinou muito do que sei e sou. Acho que, em minha vida, tive três grandes pilares: minha mãe, minha avó materna e meu pai. Quanto a ele, vivemos os nossos altos e baixos, o famoso amor e ódio, e foi dele também que recebi um dos maiores aprendizados e experiências da minha vida. Foi em 2018, após uma separação, que meu pai se entregou de vez à depressão. Uma novidade para mim? Não. Já havia sofrido o dessabor de perder alunos – isso mesmo, alunos, amigos e outras pessoas para essa que, segunda a OMS, vem a ser uma das mazelas deste século.

Nenhuma realidade é tão dura até que ela nos atinja. Como já falei, perdi alunos, amigos e outras pessoas para a depressão, mas, quando perdi meu pai, eu entendi não só a gravidade da questão, mas a necessidade de fazer algo a respeito. Foi aí que me dispus a lutar contra as questões psicossomáticas, passei a abordar esse tema com meus alunos, meus amigos e familiares, e pouco a pouco as oportunidades e atividades foram surgindo. Das conversas e práticas, criamos o Projeto Acolhimento, por meio do qual paramos na TV, e foi a partir de daí que resolvemos escrever este livro.

Por estarmos motivados a continuar essa caminhada, propomos uma roda de conversas com nossos parceiros que, até hoje, nos deram todo o suporte teórico necessário para levarmos ao público informações corretas e relevantes para a prática da sala de aula. Assim, convidamos você, leitor, para participar conosco desta roda de reflexão e aprendizagem sobre saúde mental no contexto escolar.

Com carinho,
Janaina e Jefferson

SUMÁRIO

1

COMO NASCEU O PROJETO...17

Janaina Nogueira

1.1 PRIMEIRAS PERCEPÇÕES...19

1.2 PRIMEIRAS AÇÕES...23

1.3 DA TEORIA À PRÁTICA 29

    1.3.1 É preciso cuidar da memória 31

    1.3.2 Falar das emoções é falar somente sobre doenças

    psicossomáticas?...34

    1.3.3 Proposta de organização das atividades 38

1.4 PROPOSTA DE ATIVIDADE 43

    1.4.1 Apresentação da atividade 44

    1.4.2 Desvendando o app...45

    1.4.3 Padlet: uma proposta para sala de aula 50

REFERÊNCIAS 54

2

SAÚDE MENTAL NO CONTEXTO MUNDIAL.......................55

Jefferson Bruce

2.1 SAÚDE MENTAL NAS SALAS DE AULA – ANTES E PÓS-

PANDEMIA...57

REFERÊNCIAS 61

3

PREVENÇÃO DA NEUROSE – PROTEGENDO E FACILITANDO O DESENVOLVIMENTO SAUDÁVEL DE CRIANÇAS E ADOLESCENTES 63

Nívia Vivas

3.1 CONTEXTO ESCOLAR 64
3.2 O QUE É PREVENÇÃO? 66
3.3 O QUE É NEUROSE? 66
3.4 O QUE É A PREVENÇÃO DA NEUROSE? 68
REFERÊNCIAS 82

4

A IMPORTÂNCIA DA ALIMENTAÇÃO SAUDÁVEL EM BENEFÍCIO DA SAÚDE MENTAL E DO COMPORTAMENTO ALIMENTAR 85

Cecília Santos

4.1 A ANOREXIA 86
4.2 A BULIMIA 87
4.3 MATERIAL DE APOIO 89
4.4 TESTE DE AVALIAÇÃO SOBRE TRANSTORNOS ALIMENTARES 99
4.5 CONCLUSÃO 101
REFERÊNCIAS 101

5

SAÚDE FÍSICA E MENTAL: DUAS PARTES E UM SÓ CAMINHO 105

Ronaldo Carestiato

5.1 DETERMINANTES DA SAÚDE MENTAL 109
5.2 PROMOÇÃO E PREVENÇÃO DA SAÚDE MENTAL 110
5.3 CUIDADOS E TRATAMENTO DA SAÚDE MENTAL 111
5.4 CONCLUSÃO 116
REFERÊNCIAS 118

6

UM LUGAR PARA FALAR E SER OUVIDO: UM RELATO DE EXPERIÊNCIA NO CONSULTÓRIO DE PSICOLOGIA............119
Luciane Pellon

REFERÊNCIAS 125

7

RELATOS DE PARTICIPAÇÃO NO PROJETO ACOLHIMENTO.. 127

SOBRE OS AUTORES.. 133

1

COMO NASCEU O PROJETO

Janaina Nogueira

Sabemos que estar em sala de aula hoje em dia é enfrentar vários desafios, seja no âmbito social, seja no econômico, e, acima de tudo, referentes a fatores emocionais.

Poderíamos dizer que a maioria dos problemas que enfrentamos na atualidade é resultado dos dois anos de isolamento social, devido à pandemia da Covid-19. Contudo, como educadores há mais de 20 anos, mesmo antes desse período pandêmico que assolou o mundo, já havíamos percebido vários problemas emocionais em nossos alunos que estavam interferindo no desenvolvimento cognitivo, principalmente no grupo de adolescentes.

Por termos em nossas práticas pedagógicas o cuidado de compreender o contexto no qual aquele grupo de educandos está inserido, tanto eu quanto Jefferson, costumamos inserir em nossas propostas de aula momentos de reflexão para que os alunos tenham a oportunidade de se colocar como seres pensantes na sociedade e, assim, compartilhar seus medos, suas preocupações e suas dores. Com isso, sempre encontramos um canal de diálogo com eles, que nos dá a possibilidade de ajudá-los em diferentes situações de seu cotidiano escolar e até familiar. Às vezes, só de promover um momento de escuta e atenção já é o bastante para acolhê-los.

Contudo, como todo professor, precisamos trabalhar em várias instituições para complementação da renda familiar e, em diversos momentos, não temos tempo de trocar experiências e, até mesmo, de conhecer nossos pares. A sala dos professores acaba sendo um local de passagem para receber informes institucionais e pegar e/ou guardar os materiais de aula. Então, ter um tempo para conversar com os alunos precisa ser uma ação dentro do planejamento.

Falamos isso com conhecimento de causa. Eu e Jefferson trabalhávamos há quase 10 anos em uma mesma instituição de ensino e nunca tínhamos trocado qualquer tipo de conversa, mesmo trabalhando nos mesmos dias da semana, pois o tempo não nos permitia nada além de um "Bom dia!". Contudo, essa realidade teve a oportunidade de mudar quando, em uma das atividades propostas pela Pastoral da instituição de ensino na qual trabalhamos, nos foi proposto rezar por um colega educador durante uma semana. E assim foi feito. E vocês já devem ter entendido... quem foi o meu amigo sorteado? Claro, o professor do ensino médio, Jefferson Bruce.

A partir dessa atividade, tivemos a chance de conversar sobre nossas práticas de aula, assim como sobre nossas expectativas para projetos futuros. Foi daí que, em determinado momento, alinhamos ideias bem parecidas, já que tínhamos um olhar empático por nossos alunos.

Falamos de um olhar diferenciado porque entendemos que, para alcançarmos nosso objetivo de ensino e aprendizagem, devemos despertar o interesse do aluno. Sabemos que não é fácil esse processo, mas também sabemos que quando não há interação entre professor e alunos, os resultados ficam impossíveis de serem alcançados.

Se dissermos que nossas práticas pedagógicas mudaram após a pandemia de 2019, estaríamos faltando com a verdade. Esse olhar mais atencioso com nossos alunos acompanha-nos há muito tempo, porque as questões emocionais que interferem no desenvolvimento cognitivo deles não começaram em 2020; ele pode até ter sido potencializado, mas já fazia parte do nosso dia a dia escolar. Crianças mais ansiosas, com distúrbios alimentares, crises de choro constantes, desinteresse pelos ambientes de socialização, como o pátio da escola, entre outros, permeiam nossas vivências no "chão da escola" a ponto de nos fazer refletir sobre o que e como deveríamos cuidar dessas crianças/desses adolescentes há bastante tempo.

Cada um no seu espaço, eu e Jefferson fazíamos o que podíamos, dentro das possibilidades de nossas disciplinas acadêmicas. Eu, em Língua Portuguesa, levava para as aulas textos que traziam à luz da reflexão temas como *bullying*, relações familiares, fases da adolescência, assim como propunha atividades lúdicas que fomentavam o trabalho em equipe e as relações de amizade, pois, em sua maioria, ministro aulas para os anos finais do ensino fundamental e, por isso, preciso criar diversas maneiras de abordar determinados assuntos sem ultrapassar o nível de maturidade deles. Já o professor Jefferson, como ministra aulas para o ensino médio, sempre buscou criar um espaço de diálogo aberto sobre vivências e diversas questões problemáticas que permeiam a vida dos jovens. Então, ele falava e ainda fala diretamente sobre escolhas e suas consequências, dando aos alunos um "choque de realidade". Seguir pelo caminho do diálogo franco e aberto trouxe para junto dele a maioria dos alunos, porque, dessa maneira, eles se sentem acolhidos por alguém que fala sem melindres sobre situações que eles vivenciam todos os dias.

Depois que começamos a trocar experiências sobre nossos trabalhos desenvolvidos até aquele momento, tivemos a ideia de iniciar uma proposta de aula que desse aos alunos a oportunidade de falar sobre suas questões emocionais que estavam afetando seu desempenho durante as aulas. Não seria um espaço de atendimento psicológico, mas, sim, tentaríamos abordar alguns temas que dessem a eles maior compreensão sobre as fases da adolescência, assim como naturalizar as alterações hormonais que influenciam as mudanças constantes de humor, sem problematizar aquilo que é normal para o desenvolvimento do ser humano.

1.1 PRIMEIRAS PERCEPÇÕES

Com essa ideia em mãos, conversamos com a diretora pedagógica da instituição particular sobre a proposta que gostaríamos de desenvolver junto aos alunos dos anos finais do ensino fundamental, como também do ensino médio. A receptividade foi a melhor possível. Ela, além de nos ter dado a possibilidade de aplicação da proposta, também abraçou a ideia e não só foi, como é até hoje, uma das nossas principais incentivadoras.

Para nossa primeira experiência como dupla de trabalho, fizemos uma roda de conversa com uma turma de alunos do 8º ano, cuja média de idade era entre 12 e 13 anos. Nosso objetivo era apresentar alguns conceitos sobre o que era a saúde mental, os cuidados que precisávamos ter com o corpo, mas também com a mente, além de alertá-los sobre o uso excessivo de telas que, de alguma forma, interferia em várias questões comportamentais.

Figura 1 – Colégio Salesiano Região Oceânica – Agosto 2023

Fonte: Arquivo Projeto Acolhimento.

Para esse primeiro contato, a foi positiva, como também desafiadora. Uma de nossas alunas, após a dinâmica, me encaminhou-me o seguinte relato:

> Jana, eu achei essa atividade muito boa, já que cria um ambiente que realmente passa uma segurança

pra conversar. E você não é forçado a nada, então é bem tranquilo opinar e participar da proposta. Em mim, pegou mais, já que é um assunto muito relevante pra mim. Eu achei muito bom ter mais visões além da minha de adolescente. É poder olhar pra fora da minha bolha (S.M, 13 anos).

O relato dessa aluna, assim como de outros, após a proposta, fez-nos entender que estávamos no caminho certo e que precisávamos ampliar a atividade para outros grupos e fazer uma pesquisa em outros materiais teóricos que nos dessem informações pertinentes ao tema abordado para passarmos aos alunos. E assim o fizemos. Começamos a estudar o assunto "saúde mental no contexto escolar" a partir de textos teóricos e relatos de experiências.

O nosso segundo grupo foi formado por alunos do ensino médio, da mesma instituição de ensino. O perfil dessa turma era de muitos casos de indisciplinas, falta de interesse, mas também alguns de alunos que tinham episódios de choro durante as aulas. A partir desse perfil, mudamos alguns slides e pesquisamos fatores referentes a casos de ansiedade e depressão no Brasil, como também no mundo. Elencamos tópicos que podiam ser considerados fatores negativos que afetavam a saúde mental e deixamos um tempo livre para que os discentes pudessem relatar, caso se sentissem à vontade, alguma situação que estavam vivenciando.

Os alunos não se detiveram ao silêncio, participaram, conversaram, e muitos tiveram vontade de expor situações que vivenciaram e ainda estavam vivenciando tanto no contexto escolar quanto no familiar. A experiência foi gratificante, e, ao final, diversos alunos ficaram emocionados porque tinham acessado sentimentos que estavam guardados, mas que, naquele momento, se sentiram livres para expressá-los. Mesmo depois da comoção e dos agradecimentos por termos fomentado aquele momento de reflexão, percebemos que estávamos seguindo um caminho que, mais à frente, poderia ser confundido com o trabalho desenvolvido por profissionais da saúde, como psicólogos. E esse não era nosso objetivo. Somos professores de sala de aula, não temos a pretensão de mudar de área.

Então, novamente, "recalculamos a rota", e, para as futuras turmas, a proposta seria apresentar dados estatísticos e atividades que os fizessem reconhecer seus sentimentos e começassem a entender a importância de cuidar da saúde mental. Nesse processo, começamos a entender que essa proposta era muito maior e mais importante do que havíamos imaginado. Fizemos, então, mais algumas rodas de conversa com todas as turmas do ensino médio. Os resultados foram muito além do esperado, e ficamos muito motivados em continuar a proposta a partir dos *feedbacks* dos alunos.

Ao terminarmos o trabalho com as turmas da instituição privada, conversei com meu parceiro de trabalho e pedi para levar essa proposta para a escola pública em que também leciono. A ideia era eu fazer sozinha uma roda de conversa durante minhas aulas de Produção Textual, algo comum na minha prática. Para minha surpresa, Jefferson se propôs a desenvolver a dinâmica comigo, assim como fizemos na escola particular.

Como fiz da primeira vez, levei ao conhecimento da diretora geral da escola estadual, e o aceite foi imediato. Estávamos com um grupo de alunos com situações de descoberta da identidade de gênero que não sabiam como lidar com tantas alterações e, principalmente, com o comportamento de aceitação dos outros. Nesse espaço, chegamos em boa hora!!! Como o perfil desse grupo e o ambiente eram diferentes, entendemos que poderíamos levar a proposta com outras atividades para fomentar a discussão, pois os alunos eram muito mais resistentes a falar de qualquer questão sobre suas próprias emoções. Iniciamos o bate-papo com duas dinâmicas que resultaram em uma participação assídua e divertida. Eles entenderam o que estávamos propondo e transformaram a roda de conversa em um espaço de integração em que todos tiveram a chance de participar. Depois dessa atividade, pude perceber na minha sala de aula que algo havia mudado: eram os mesmos alunos, mas não eram os mesmos comportamentos. Foi instaurada ali uma relação de cumplicidade entre mim e eles, que mudou completamente nossa convivência em sala de aula.

A partir dessa atividade, tanto eu como o professor Jefferson entendemos que essa proposta precisava ter nossa assinatura, um nome, ser um projeto de verdade para que pudéssemos levá-lo a outros espaços escolares, pois estávamos fomentando reflexões que faziam parte do cotidiano dos nossos alunos e professores.

1.2 PRIMEIRAS AÇÕES

A partir das experiências que tivemos tanto na escola particular como na escola pública, começamos a elaborar uma proposta que pudesse dialogar não só com os discentes, mas também com o corpo docente. Seguindo o tema da saúde mental, pesquisamos vários materiais teóricos que nos dessem a possibilidade de conhecer o assunto e assim fazer uma abordagem pautada em dados comprovados por pesquisas e experiências.

Vimos que nossa abordagem não poderia ficar restrita aos temas de patologias clínicas que presenciávamos em nossas turmas, pois somos professores e não temos conhecimento hábil para uma abordagem específica de problemas referentes à saúde mental. O que pretendíamos era trazer à luz da reflexão os sintomas que causavam determinado problema psicológico, mas com o principal objetivo da criação de um espaço de trocas de experiências para encontrarmos meios que nos dessem a possibilidade de reconhecer o problema e enfrentá-lo.

Assim nasceu o *Projeto Acolhimento*. Percebemos que era necessário criar uma identidade para aquela proposta que já havia saído dos muros da escola. O primeiro passo foi escolher um nome, e a palavra "acolhimento" trazia consigo a essência do nosso trabalho, pois o principal objetivo era acolher todos aqueles que pertenciam ao ambiente escolar e, de alguma maneira, se sentiam sozinhos diante de situações que eram comuns a todos os pertencentes daquele espaço. Depois do nome, precisávamos também encontrar uma figura que nos representasse. E, diante de tudo que havíamos pensado, conseguimos compor uma imagem com vários elementos que traduziam nosso objetivo, como um coração ao centro com os dois professores ao lado. Em seu entorno, as palavras-chave do nosso trabalho: professor – aluno – afeto – acolhimento. Abaixo do coração, temos alguns elementos que representam uma sustentação do coração, que tem como base três pessoas sentadas representando o diálogo que propomos no nosso projeto entre professor e aluno.

Figura 2 – Logotipo do Projeto Acolhimento

Fonte: Arquivo Projeto Acolhimento.

Com essa primeira marca da nossa identidade, começamos a alçar voos mais altos e tivemos nossa primeira experiência fora da sala de aula. Recebemos o convite da Secretaria de Educação da Prefeitura de Maricá para participar da Semana Pedagógica, que aconteceu no início do ano letivo. Essa não foi a única, mas uma das atividades que mais nos deu um "grande frio na barriga". Foram dois grupos muito grandes de educadores e monitores, e não sabíamos o que encontraríamos nem como seríamos recebidos, afinal só havíamos trabalhado com alunos, e falar sobre esse tema é algo que nem todos os educadores se sentem confortáveis nem sequer em comentar. Então, nosso único caminho a seguir foi mergulhar em vários estudos para levar aos professores informações que fossem pertinentes à realidade que vivenciavam.

Assim, preparamos um material riquíssimo em dados e estudos de casos que nos dessem a possiblidade de iniciarmos uma reflexão sobre os problemas enfrentados no dia a dia da sala de aula. Contudo, para a nossa surpresa, percebemos que, por sermos também professores, a receptividade foi muito maior do que esperávamos. De tudo que preparamos para apresentar, usamos um pouco mais que 50%, sendo que o restante não foi necessário porque a participação, a troca de experiências, foi tão importante que decidimos deixar todo o tempo da palestra para promover a discussão de temas tão relevantes aos educadores. Percebemos, naquele momento, que o Projeto Acolhimento poderia favorecer outros espaços como aquele.

Figura 2 – Semana Pedagógica – Prefeitura de Maricá

Fonte: Arquivo Projeto Acolhimento.

Nessa apresentação, indicamos, ao final da palestra, um *QR-code* para que pudéssemos ter um *feedback* do trabalho desenvolvido. Fizemos, por meio do Google Forms, uma sequência de 10 perguntas para nos orientar na preparação das próximas apresentações.

Para você compreender como foi importante o *feedback* desses profissionais que participaram desse encontro em Maricá, escolhemos três perguntas, entre as 10, que resumem o perfil do grupo participante.

PROJETO ACOLHIMENTO: AVALIAÇÃO QUALITATIVA - Todos os participantes faziam parte do espaço escolar.

Figura 3 – Google Forms

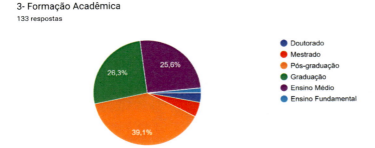

Fonte: Arquivo Janaina Nogueira.

Figura 4 – Google Forms

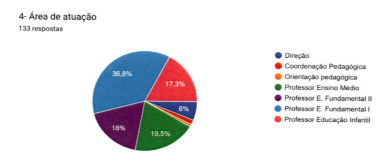

Fonte: Arquivo Janaina Nogueira.

A principal pergunta que nos apresentava um *feedback* mais assertivo, quanto ao que pretendíamos saber, foi a questão 9, que pedia para o educador indicar sobre qual assunto abordado ele gostaria de ter mais informações.

Figura 5 – Google Forms

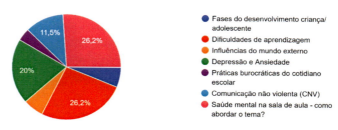

Fonte: Arquivo Janaina Nogueira.

A última questão, na verdade, foi aquela que nos deu maior prazer na leitura, por apresentar as opiniões após o término da palestra. Dos 133 participantes, recebemos 133 elogios.

Figura 6 – Google Forms

Excelente e de grande valia.

Ótima e precisa!

Muito produtiva, afetiva , clara e objetiva.

Aula maravilhosa e muito clara com grande relevância para nosso aprendizado.

Excelente palestra com um conteúdo importante para a prática pedagógica.

Uma palestra com bom esclarecimento

Muito construtiva e importante

Fonte: Arquivo Projeto Acolhimento.

Após a apresentação de como nasceu nosso projeto, optamos por apresentá-los ao que nós chamamos de Roda de Conversa. Em nossas apresentações, a partir de estudos e pesquisas, também procuramos parceiros que nos auxiliem de maneira efetiva na maior qualidade do conteúdo que abordamos durante a palestra. Porém, nesse espaço de escrita, resolvemos apresentar parte da nossa base teórica como material de apoio, mas também achamos que seria importante dar aos nossos parceiros um espaço para que eles também apresentassem, dentro de sua área de conhecimento, o que e como eles entendem a importância do Projeto Acolhimento, discorrendo sobre como seus trabalhos podem contribuir no processo de ensino e aprendizagem. Falamos na primeira pessoa do plural, porque também somos educadores e estamos sempre em busca de novas aprendizagens. Então, estamos inseridos nesse grupo... não podemos perder essa chance de aprender mais com esses profissionais supergabaritados! Concordam?

1.3 DA TEORIA À PRÁTICA

Nesse tópico, apresento a vocês como elaboramos a base teórica de nossa apresentação. Nos primeiros encontros ou nas primeiras rodas de conversa, busquei apresentar informações relacionadas aos sintomas de doenças psicossomáticas (aquelas que podem ser físicas ou não, motivadas por causas mentais – emoções, sentimentos e pensamentos), que permeavam a realidade de nossa sala de aula. Como já foi dito, foram essas observações a válvula propulsora da promoção desses encontros, pois queríamos, de alguma maneira, auxiliar e/ou orientar os alunos que apresentavam sinais de transtornos emocionais, como ansiedade ou depressão.

Nessa fase inicial, já como um projeto, busquei materiais teóricos que me dessem a possibilidade de levar aos educandos e educadores conhecimentos pautados em pesquisas, com fundamentos comprovados cientificamente, pois, na maioria das vezes em que iniciávamos o assunto, ouvíamos vários conceitos baseados em postagens de redes sociais sem fundamento algum. Eram avalanches de "achismos". Era como se todos, tanto docentes como discentes, tivessem tamanho conhecimento de causa a ponto de diagnosticar todo e qualquer sintoma. E pasmem... todo mundo era depressivo e sofria de ansiedade crônica. Diante de tamanha desinformação, eu e Jefferson percebemos que precisávamos desmistificar alguns conceitos que faziam com que esquecêssemos que todo ser humano passa por diversas fases do desenvolvimento e que as mudanças hormonais influenciavam bastante o comportamento dos adolescentes.

Em uma de minhas pesquisas, encontrei uma obra literária deveras importante e que dialogava diretamente com tudo o que nos propusemos trabalhar no projeto. No livro *Saúde mental na escola – o que os professores devem saber*, os autores Estanislau e Bressan (2014) fazem uma abordagem significativa relacionada aos cuidados que devemos ter com a nossa saúde mental, à importância da figura do professor nesse processo, mas sem esquecer de que existem vários marcos comportamentais no desenvolvimento do adolescente, que são normais ao amadurecimento e que não podem ser confundidos com outros transtornos mentais.

> [...] a falta de informações confiáveis e de orientação especializada vem causando insegurança, que, por sua vez, é um fator relevante para a distorção do olhar do professor, que passa a considerar como transtorno mental o que não é, e vice-versa. O senso de impotência diante dos transtornos (reais ou não) acaba acarretando uma crescente dependência da figura médica, supostamente portadora de soluções rápidas, que culmina em grande controvérsia, como a medicalização (Estanislau; Bressan, 2014, p. 13).

É justamente nessa perspectiva que entendemos a importância de abordagem do tema "saúde mental na escola". Considerando que o professor tem como seu principal objetivo desenvolver o processo de aprendizagem do educando, torna-se mais fácil a sua observação a partir das atividades que propõe aos seus alunos. Nesse sentido, os autores também apontam que:

> Os professores têm uma condição privilegiada de observação do comportamento das crianças sob seus cuidados, pois as observam em uma grande variedade de situações, como atividades individuais dirigidas, atividades de trabalho grupal, atividades de lazer, durante a interação com outros adultos e com crianças de diversas idades. O fato de os professores terem experiência com grande número de crianças possibilita a distinção entre os comportamentos esperados para uma faixa etária e comportamentos atípicos (Estanislau; Bressan, 2014, p. 26).

Por termos essa possibilidade de reconhecimento, faz-se necessário que nós, professores, compreendamos os principais eventos ao longo da adolescência, uma vez que é nessa fase que percebemos a maior incidência dos transtornos psicossomáticos.

Seguindo esse viés de reflexão, busquei informações que me dessem base teórica para a abordagem do tema, lembrando que nem eu nem o professor Jefferson somos da área de saúde. Outra questão que me fez ampliar as pesquisas foram as inúmeras situações em que fui indagada sobre o que deveria ser feito para prevenir os problemas que sinalizávamos em nossa apresentação. E foi a partir dos questionamentos e das falas apresentadas pelos novos públicos que começávamos a conhecer que fizemos mais uma reformulação de nossa prática para levar ao conhecimento de alunos, pais e educadores informações que estivessem ligadas diretamente à prevenção, ao reconhecimento de comportamentos simples do nosso cotidiano que influenciavam diretamente na qualidade da nossa saúde física e mental, indicando como o seu mau funcionamento interfere no processo de aprendizagem na escola.

Saber conhecer e compreender os fatores que auxiliam o desenvolvimento cognitivo auxilia não só os educadores, mas também as famílias a promoverem os cuidados necessários para a saúde e o bem-estar dos educandos.

À vista disso, busco, na minha parte da apresentação, trazer contribuições para outros educadores entenderem o processo da aprendizagem por outras linhas de estudo, como a psicolinguística, para agregarem à sua prática pedagógica atividades que favoreçam ao educando o alcance de uma aprendizagem significativa.

Desse modo, apresento a vocês alguns elementos que busco trazer à luz da reflexão para discutirmos o melhor caminho no processo de ensino-aprendizagem. Ao final desta apresentação, elenquei duas atividades, as quais desenvolvi durante as rodas de conversas e que tiveram respostas positivas dentro do esperado.

1.3.1 É preciso cuidar da memória

Para iniciar essa conversa sobre a importância de cuidarmos da memória para mantermos a qualidade da saúde do corpo e da mente, quero apresentar a vocês o livro *Neurociência e Educação*

(Cosenza; Guerra, 2022, que aborda, a partir de fundamentos da neurociência, informações sobre o processo de ensino e aprendizagem, assim como nos ajuda a entender como acontece o sucesso e o fracasso de estratégias pedagógicas.

Nesse livro, encontrei subsídios que me ajudaram na abordagem sobre a contribuição das emoções no processo de compreensão e assimilação dos conteúdos abordados em sala de aula. Um dos pontos pertinentes que quero dividir aqui é a questão das etapas do funcionamento da memória. Com o avanço de pesquisas sobre o assunto, levando-se em consideração a duração, a classificação das memórias está um pouco mais complexa, pois, de acordo com Cosenza e Guerra (2022, p. 51-52):

> Uma distinção importante é reconhecer que existem conhecimento adquiridos, lembrados e utilizados conscientemente, e outros em que a memória se manifesta sem esforço ou intenção consciente, sem que tenhamos consciência de que estamos nos lembrando de alguma coisa. Os do primeiro tipo vão constituir o que chamamos de memória explícita, enquanto os do segundo constituem a memória implícita.

Nessa abordagem, quero apresentar a vocês a questão que dou enfoque durante a apresentação da memória explicita, que está relacionada diretamente à regulação do nosso comportamento. Ela já foi conhecida como memória de curta duração e agora é chamada de memória de trabalho. A todo momento da nossa vida, dependemos dessa memória. Sobre ela, os autores esclarecem que:

> A memória de trabalho dispõe, contudo, de um processo adicional que vai permitir a conservação da informação por mais tempo. Isso é feito por meio da ativação de registros já armazenados no cérebro, tornando-os acessíveis à consciência para o uso na ocasião. Se uma informação for reativada um número suficiente de vezes, ou se puder ser

> associada a sinais e pistas que levam a registros já disponíveis, a memória de trabalho poderá conservá-la em disponibilidade por um período bem maior, que pode chegar a horas ou mesmo dia (Cosenza; Guerra, 2022, p. 54).

É a memória de trabalho a responsável por toda a organização do nosso cotidiano. É nela também que percebemos o quanto o excesso de estímulos prejudica o processamento das informações. Realidade atual da nossa sala de aula. Vivemos tempos em que os educandos recebem uma enxurrada de informações acompanhadas de sons e imagens a todo tempo, e isso é um fator que tem interferido diretamente em nossa prática pedagógica. Nesse sentido, os autores discorrem que:

> Nossa memória de trabalho, muitas vezes, não consegue processar tudo que dela é exigido [...]. É bom não esquecer que o cérebro se dedica a aprender aquilo que ele percebe como significante e, portanto, a melhor maneira de envolvê-lo é fazer com que o conhecimento novo esteja de acordo com suas expectativas e que tenha ligações com o que já é conhecido como importante para o aprendiz (Cosenza; Guerra, 2022, p. 58).

Não quero dizer aqui que existe uma fórmula secreta para conseguirmos ter a total atenção dos nossos alunos, mas podemos reunir estratégia para guiá-los de forma que eles participem de nossas propostas. Conhecer como acontece o processamento das informações no cérebro é uma forma consistente de compreender como devemos desenvolver diversas atividades, principalmente quando falamos sobre a leitura. A compreensão leitora vai muito além do que a decodificação dos elementos mórficos; ela se refere ao contexto, às inferências que o leitor precisa fazer para compreender o objeto lido, entre outros. Mas esse assunto fica para outro momento! Agora vamos pensar em como podemos usar o fator emoção a nosso favor.

Levando por essa perspectiva, vou iniciar a discussão sobre a influência das emoções como uma válvula propulsora para a elaboração de estratégias pedagógicas. Conseguir o engajamento dos alunos, sem ameaças ou barganha de pontuação, sempre é o melhor caminho. Para tanto, no próximo tópico, quero ponderar sobre a questão das emoções como fator que pode ser considerado, no processo de aprendizagem, um elemento positivo ou negativo.

1.3.2 Falar das emoções é falar somente sobre doenças psicossomáticas?

Para essa pergunta, respondo com toda certeza de que, não necessariamente, preciso referir-me a doenças para falar sobre a presença das emoções no contexto escolar. Para uma reflexão mais profunda, como já sinalizei, deixarei a cargo das profissionais de psicologia que estão conosco nesse projeto da roda de conversa escrita. No presente tópico, pretendo abordar o que percebo no meu espaço de trabalho, a sala de aula, e as minhas percepções a partir de atividades que desenvolvi em minha prática pedagógica, usando como base o acesso às emoções que impulsionam o comprometimento dos educandos na proposta de trabalho.

Antes de discorrer sobre o tema, quero situar-nos na fase do [2]desenvolvimento cognitivo sobre a qual faço referência, pois ter conhecimento dessas fases dá-nos a possibilidade de estimular o crescimento e entender como se dá funcionamento do cérebro dentro do esperado para aquela faixa etária.

Como, nos últimos anos, tenho trabalhado diretamente com alunos de 12 a 17 anos, fase da puberdade, apontarei elementos que apresento no decorrer das nossas rodas de conversa para demonstrar que muito do comportamento dos nossos alunos está ligado diretamente à fase em que eles estão passando. Como educadores, precisamos ficar atentos, pois enfrentamos um grande oponente:

---

[2] Desenvolvimento cognitivo: refere-se a habilidades intelectuais, incluindo a memória, o pensamento, o raciocínio, a linguagem, a resolução de problemas e a tomada de decisão.

a internet. Dando inúmeras dicas e informações infundáveis sobre o reconhecimento de diversas doenças psicossomáticas, ela faz com que nossos adolescentes criem uma falsa ideia de que estão doentes, incapazes de aprender.

Para essa reflexão, volto a citar os autores Estanislau e Bressan, em obra de 2014. No capítulo sobre "Desenvolvimento normal no período escolar", eles apontam alguns marcos comportamentais que nos são importantes para compreensão do comportamento dos discentes. Nesse sentido, aponto o que eles apresentam em relação aos marcos comportamentais e socioemocionais, no que diz respeito ao desenvolvimento emocional. Para os autores:

> O adolescente mais novo vai apresentando um senso de identidade gradativamente mais claro. [...] O humor irritável ou oscilatório que surge dos 12 anos em diante leva o adolescente a entrar em conflito com as pessoas a sua volta com bastante frequência. Um achado interessante é que a turbulência emocional do adolescente tem ligação com o fato de as [3]emoções dessa fase serem processadas pela amídala, estrutura cerebral ativada em reações de medo e raiva (Estanislau; Bressan, 2014, p. 96).

Com certeza, em sua sala de aula, você já deve ter presenciado um aluno que se recusou a fazer a atividade proposta porque queria ficar assistindo aos vídeos disponibilizados em algum aplicativo de uma rede social qualquer. E se tentou interferir, ele se tornou extremamente agressivo, não dando a possibilidade de auxiliá-lo no desenvolvimento da atividade. Essa realidade tem nos deixado cada vez mais desestimulados. Como se não bastasse o adolescente estar passando por diversas alterações hormonais, ainda temos a

---

[3] Emoções: As emoções são um padrão reativo complexo, de curta duração, pelo qual uma pessoa tenta lidar com uma situação que a afeta significativamente. Elas envolvem elementos comportamentais, experienciais, sociais e fisiológicos. Do ponto de vista fisiológico, a emoção é a expressão de reações intensas e breves do organismo em resposta a um acontecimento. Essa reação foge ao controle do indivíduo, ou seja, ela não é intencional nem premeditada (Fonte: https://posdigital. pucpr.br/blog/diferenca-entre-emocao-sentimento).

interferência da internet disponível em aparelhos, ou melhor, em *smartphones* cada vez mais desenvolvidos. E pasmem, queridos colegas: não podemos deixar toda a culpa dessa realidade no pós--pandemia. De acordo com Haidt (2024), em seu livro *A geração ansiosa*, a deterioração da saúde mental desses jovens teve início na década de 2010. É claro que não podemos esquecer que o uso do *smartphone* facilita muito a nossa vida, agiliza diversas ações, principalmente no trabalho, mas seu uso excessivo tem sido um agravante para dificultar o processo de ensino e aprendizagem no contexto escolar. Haidt (2024, p. 120) argumenta que:

> Na verdade, smartphones e outros aparelhos digitais oferecem tantas experiências interessantes aos adolescentes e crianças que podem causar um problema sério: reduzir o interesse em todas as formas de experiência que não envolvem telas. Smartphones são como cucos, que deixam seus ovos nos ninhos de outros pássaros. Os ovos de cuco eclodem antes dos outros, e o filhote de cuco imediatamente tira os outros ovos do ninho, com a intenção de receber toda a comida trazida pela mãe, alheia a isso.

Considero brilhante essa comparação que o autor faz com os pássaros, porque esse é o comportamento dos nossos alunos. Eles ficam completamente alheios a qualquer proposta de atividade que não utilize telas. Contudo, essa afirmação não deve ser entendida como uma opção de trabalharmos com o uso de elementos digitais, pois já experimentei fazer atividades utilizando celulares, *chromebooks* disponibilizados pela escola, laboratório de informática, entre outros espaços, e a resposta positiva dependia de vários outros fatores, mas, em sua maioria, não alcançaram minhas expectativas, pois tive diversos problemas para mantê-los engajados na atividade. Em meio a qualquer distração, eles buscavam aplicativos de jogos e redes sociais. Foram grandes batalhas que enfrentei!!! Novidade para vocês? Acredito que não!!!

Todavia, como uma pessoa resiliente, não desisti. Busquei criar um canal de comunicação entre aluno e professor que me desse a possibilidade de mostrar para eles o quanto era importante a participação deles e os motivos pelos quais aquela proposta iria os ajudaria na aprendizagem do conteúdo. Você deve estar perguntando-se qual foi a atividade e qual mágica eu fiz, não é? Então, inserida naquele perfil de alunos e entendendo a realidade de cada um, desconstruí a imagem de detentora do saber que eles tinham sobre mim e propus desenvolvermos uma atividade que nós juntos precisaríamos aprender. Não tentem entender-me; foi algo bastante mirabolante porque eu criei um projeto de sustentabilidade com a fabricação de sabão à base de óleo de cozinha usado. E você me pergunta como fazer uma atividade dessas em Língua Portuguesa? Pois, sim! Nessa proposta, incluí diversos conteúdos da minha disciplina, mas, para a parte prática da produção, busquei ajuda de um grupo de alunos de Biotecnologia do IFRJ para nos orientar sobre o processo de fabricação do sabão. Afinal, não consigo dar conta de tudo!!! Essa experiência foi muito marcante para mim, para eles e para a escola. Nossa relação ficou muito próxima, afinal estávamos aprendendo juntos, e cada um pode demonstrar o que tinha de experiência, como desenhos, pintura, habilidade na mistura dos elementos químicos, entre outros. Coloquei nessa proposta a mesma carga emocional que eles buscam satisfazer nas telas do celular, a compensação.

Enfim, divido essa experiência com vocês para demonstrar a necessidade de criarmos projetos que façam desses alunos os principais interessados, os protagonistas da sua própria história. É bem verdade que eles estão imersos em um mundo virtual que os oferece diversas possibilidades para conquistarem – ou pensarem que conseguem conquistar – o que desejam. E é sobre essa perspectiva que devemos encarar a atual realidade da nossa sala de aula. Sobre essa reflexão, Haidt (2014) afirma que:

> Se quisermos que as crianças tenham uma puberdade saudável, precisamos afastá-las dos inibido-

res de experiências, para que possam acumular a ampla gama de vivências de que necessitam, incluindo os fatores de estresse do mundo real que suas mentes antifrágeis exigem para se configurar da maneira apropriada. Depois, devemos oferecer a elas um caminho claro para vida adulta que conte com desafios, marcos, liberdades e responsabilidades cumulativas (Haidt, 2024, p. 121).

Como já foi dito, e retomo essa fala, não pretendo apresentar um esquema de aula perfeita e que funcionará com todos os educadores. Minha iniciativa em apresentar essa experiência que foi desenvolvida em 2023, com alunos de uma escola pública de Niterói, que cursavam o 8° ano, contribui para contextualizar o que alguns autores nos têm apresentado como possibilidades para desenvolvermos nossas práticas pedagógicas dentro dessa realidade de uso exacerbado dos dispositivos digitais.

Para finalizar a minha parte nessa roda de conversa, gostaria de apresentar a vocês outro ponto de reflexão sobre o qual converso muito com os meus pares e entendo que é um caminho interessante de orientação para darmos continuidade ao nosso trabalho. Falo dos quatro pilares do aprendizado (Dehaene, 2022), que nos concede a possibilidade de organizarmos nossa prática docente para dar o suporte necessário ao nosso aluno para que ele consiga atingir seu principal objetivo, que é a aprendizagem.

1.3.3 Proposta de organização das atividades

Como último item, quero escrever um pouquinho sobre a "arquitetura do cérebro" (Dehaene, 2022), que utilizamos sempre que precisamos aprender.

Como vocês sabem, o Projeto Acolhimento tem como principal objetivo falar sobre o reconhecimento das emoções para não deixar que a falta de informação interfira no desenvolvimento cognitivo dos alunos, assim como dar suporte aos educadores para auxiliá-los no processo de ensino e aprendizagem. Fazer com que eles reconheçam suas emoções e saibam lidar com elas pode ser a melhor maneira de orientar essa juventude, tornando-os autônomos, capazes de discernir o que estão sentindo e de pedir ajuda quando não conseguirem caminhar sozinhos. Afinal, o vício nas telas tem sido um dos principais problemas que enfrentamos em nossas salas de aula.

Para essa discussão, busco citações de Stanislas Dehaene, em sua obra *É assim que aprendemos* (2022). Nesse material, o autor discorre sobre o funcionamento do cérebro em relação à aprendizagem. Em minhas leituras e pesquisas de informações para levar para as nossas rodas de conversa, entendi que, ao usar os quatro pilares do aprendizado, poderemos conseguir otimizar nossos esforços para a promoção do conhecimento. De acordo com Dehaene:

> Esses pilares são:
> - a Atenção, que amplifica a informação que focamos;
> - o Envolvimento Ativo, um algoritmo chamado "curiosidade", que incentiva o nosso cérebro a testar incessantemente novas hipóteses;
> - o *Feedback* para erros, que compara nossas predições com a realidade e corrige nossos modelos do mundo;
> - a Consolidação, que automatiza por completo tudo aquilo que aprendemos, usando o sono como um componente-chave (Dehaene, 2022, p. 204).

A partir desses pilares, nós, professores, conseguimos realinhar nossa prática para que o aprender seja algo de fácil acesso. Como já sinalizei nos tópicos anteriores, enfrentamos uma enorme chuva de incentivos sonoros e visuais oferecidos pelas telas dos *smartphones*. Nossos alunos estão cada vez mais acelerados em busca de compensações de diversas ausências, tanto familiar quanto da rede de amizades. Nesse caso, estamos "remando contra a maré", pois não temos meios para competir com tamanha rede de informações que surge na internet. A realidade nos mostra que esses adolescentes vivem em um mundo paralelo, aquele que só é entendido por meio das telas, sem contato físico, sem a certeza de que aquelas informações são verídicas, sem ter a chance de vivenciar situações do cotidiano que os ajudariam a crescer e a se desenvolver normalmente.

Diante dessa constatação, precisamos elencar em nossa prática pedagógica as informações mais relevantes para atingir a atenção desse aluno. E, para envolvê-lo em nossa proposta, faz-se necessário colocá-lo em evidência para que sua atenção se volte à concentração, pois ele está na fase da experimentação e, quando colocado como o centro das atenções, observamos que tudo o que está à sua volta perde o foco. Por esse motivo, devemos trabalhar com a motivação.

Falar de motivação é entender que nossos alunos precisam ter um envolvimento ativo na proposta. Para tanto, é necessário haver um contrato entre professor e aluno para que o aprender aconteça. De acordo com Dehaene (2022): "Precisamos, portanto, encontrar um compromisso entre os dois modos de aprender: nossos estudantes precisam estar atentos e confiantes na sabedoria de seus professores, mas também precisam ser pensadores autônomos e críticos, atores de seu próprio aprendizado" (p. 241).

O envolvimento ativo diz muito mais sobre o protagonismo do aluno, de transformá-lo em pensador autônomo, como citou o autor, do que uma boa prática pedagógica. Estamos lidando diretamente com jovens que perderam a curiosidade, que estão acostumados a apenas tocar a tela e receber estímulos. As mídias digitais se encarregam de entregar tudo pronto para que as pessoas sejam apenas receptoras e/ou replicadoras do que lhes é apresentado. E o resultado disso estamos encontrando na sala de aula: são adolescentes condicionados a ser reprodutores que buscam insistentemente pertencer a algum grupo e necessitam da aprovação social. Quando eles não obtêm a aprovação, ditada pelo número de curtidas, esses adolescentes se veem mergulhados em um processo de rejeição, o que os leva à depressão.

É um círculo vicioso! Nossos jovens estão construindo suas vivências por meio de experiências virtuais. A velocidade como as respostas chegam afeta a nossa saúde mental de forma que estamos perdendo-nos em meio a um emaranhado de situações. Pensado sobre esse viés das vivências desses jovens, entendo que trabalhar o terceiro pilar da aprendizagem poderia ser uma alternativa para ajudá-los no crescimento cognitivo.

É claro que o *feedback* deve ser feito sempre após as atividades de aula, mas podemos pensar que, se aproveitássemos essas questões que acontecem diariamente ligadas às redes sociais para criar situações de discussão e reflexão para compreensão do contexto, poderíamos influenciá-los a se tornarem mais críticos e independentes. Os erros, independentemente de serem nas atividades pedagógicas ou na sua vida particular, precisam ser entendidos e discutidos; só assim poderemos ensiná-los a não os repetir.

Por fim, quero falar do quarto e último pilar da aprendizagem, que é a consolidação. Os autores Cosenza e Guerra (2022) explicam que a consolidação

> é indispensável para que os registros no cérebro sejam retidos por um tempo maior. Na consolidação ocorrem alterações biológicas nas ligações entre os neurônios, por meio das quais o registro vai se vincular a outros já existentes, tornando-se mais permanente (p. 63).

É durante o sono que o nosso cérebro assimila tudo o que aprendemos durante o dia. Sendo assim, quero chamar a atenção sobre a qualidade do sono dos alunos, mas também dos professores.

Vivemos inseridos em um contexto acelerado, no qual devemos dar conta de executar diversas e diferentes funções, incluindo vida profissional e particular. Não conseguimos, na maior parte das vezes, ter uma noite de sono com horas suficientes para descansar. Assim como nossos alunos, também somos bombardeados por uma quantidade ilimitada de estímulos. Nós também vivenciamos esse caos do ambiente virtual! Certo?

Temos conhecimento e consciência de que essa corrida incessante afeta nossa saúde física, mas, principalmente, a mental. Entendo completamente que as questões emocionais estão ali "batendo a porta", mas não temos tempo nem disposição para enfrentá-las ou preveni-las. É de conhecimento geral que existe um número grande de educadores afastados de seus trabalhos por estarem acometidos por doenças psicossomáticas, e, mesmo assim, esse é um tema que não tem o mesmo espaço para reflexão como tantos outros. Falar sobre saúde mental é um tabu que precisa ser descontruído.

Essa desconstrução desse tabu precisa acontecer a partir dos educadores que têm influência sobre a construção e formação do caráter dos alunos. Não podemos esquecer desses adolescentes que, por seu desenvolvimento normal, já passam por mudanças devido à puberdade. O neurocientista Dehaene (2022, p. 314) esclarece que:

> Por volta da puberdade, a cronobiologia mostra que o ciclo do sono muda: adolescentes sentem a necessidade de ir para a cama cedo, mas todo mundo sabe por experiência que eles têm muita dificuldade para levantar. Não é porque eles não estão dispostos, mas sim devido a uma simples consequência do enorme torvelinho hormonal e neural em andamento nas redes que controlam seu ciclo de sono e vigília.

Como se não bastassem as questões naturais do desenvolvimento humano, os adolescentes também precisam lidar com os estímulos externos e com as mídias sociais. Dentro desse panorama, percebemos que, por não terem um apoio familiar, muitos jovens apresentam baixo desempenho no processo da aprendizagem devido à privação do sono. E como resolver essa situação, se é o espaço virtual o lugar em que esse adolescente encontra o maior número de estímulos e recompensas?

Enfim, é nesse sentido que o Projeto Acolhimento traz à luz da reflexão situações do cotidiano que precisam ser discutidas para que alunos, professores e famílias possam, juntos, criar momentos de trocas de informações sobre os cuidados com a saúde física e mental, pois sabemos que a reorganização da rotina e a mudança de alguns comportamentos do cotidiano podem fazer muita diferença.

1.4 PROPOSTA DE ATIVIDADE

Palavra do professor-autor

Caro Professor,

Neste caderno pedagógico, você encontrará uma proposta de atividade que foi desenvolvida em uma escola pública de ensino do estado do Rio de Janeiro. Este material tem o objetivo de apresentar uma sugestão de atividade de leitura a partir de textos motivacionais utilizando uma ferramenta digital. Sugerimos que, antes de iniciar as atividades, verifique a possibilidade de aplicação da proposta, uma vez que é necessário utilizar o laboratório de informática da escola ou o próprio dispositivo digital do aluno, assim como o acesso à rede wi-fi.

A partir dessas informações, o próximo passo é o conhecimento do aplicativo Padlet, com o qual você trabalhará. Essa ferramenta é bastante intuitiva, mas se faz necessário você conhecer as possibilidades de que o aplicativo dispõe para poder dar apoio e orientação aos alunos durante o processo de construção dos murais interativos.

Em cada mural proposto, antes de iniciar as atividades, é importante que sejam feitos alguns combinados entre professor e alunos quanto à organização da liberação das postagens, como: para cada contribuição no mural, será necessário ter a aprovação do professor, evitar o uso de palavras inapropriadas, entre outros. Essa iniciativa permite que o aluno também faça parte da construção da atividade.

A atividade é dividida em três etapas, sendo que cada uma delas possui o seu próprio mural interativo. Antes de começar os trabalhos, propomos como atividade de motivação, para que os alunos entendam o funcionamento do aplicativo e possam iniciar a interação entre o grupo. Após a atividade lúdica, apresentamos um modelo de cada etapa para que você possa usá-lo como base para suas próximas atividades, pois cada professor deverá desenvolver o seu próprio mural no ambiente virtual, para que se torne o administrador, assim como fazer as adaptações necessárias à turma.

Quanto ao tempo disponibilizado para a atividade, sugerimos dois tempos seguidos para cada etapa, sendo que, se os tempos de aula forem fragmentados, serão necessários novos ajustes, já que propomos rodas de conversa sobre o tema abordado no mural.

Professor, lembre-se de que este trabalho é uma proposta de aula e, por esse motivo, serão necessárias adaptações de acordo com o perfil da turma, levando em consideração os avanços e as dificuldades que seus alunos apresentam. Cabe a você ter a sensibilidade de transformar o mural virtual em um ambiente interativo, capaz de integrar a curiosidade e o interesse de seu aluno em participar da atividade, por meio de propostas que o façam sentir suas habilidades de leitores autônomos capazes de caminharem sozinhos em busca de um objetivo.

Com carinho,

Prof.ª Janaina e Prof. Jefferson

1.4.1 Apresentação da atividade

O planejamento das atividades está dividido em semanas, e a nossa sugestão para a sequência das atividades é que elas sigam alternadas para que outros conteúdos possam ser trabalhados. Contudo, orientamos que as atividades de cada semana não sejam separadas para que não haja perdas no desenvolvimento dos exercícios.

Quadro 1 – Cronograma das atividades

SEMANA 1	**"Desvendando o app" – Atividade** Duração: 1 aulas de 50 minutos cada.
SEMANA 2	**Atividade de motivação** Duração: 2 aulas de 50 minutos cada.
SEMANA 3	**1ª etapa – Casos e acasos** Duração: 2 aulas de 50 minutos cada. • Roda de Conversa Duração: 2 aulas de 50 minutos cada
SEMANA 4	**2ª etapa – Preciso falar!** Duração: 2 aulas de 50 minutos cada. • **Roda de Conversa** Duração: 2 aulas de 50 minutos cada
SEMANA 5	**3ª etapa – Empatia** Duração: 2 aulas de 50 minutos cada. • **Roda de Conversa sobre ter empatia** Duração: 2 aulas de 50 minutos cada

Fonte: Arquivo de Janaina Nogueira.

1.4.2 Desvendando o app

O Padlet (https://pt-br.padlet.com) é um serviço on-line gratuito, que favorece a construção de um mural que funciona como um quadro livre para que os alunos publiquem fotos, *links*, vídeos ou leiam textos. O acesso e o gerenciamento do mural ficam sob a responsabilidade do criador. Os alunos acessarão a conta por meio de um cadastro simples, e suas contribuições poderão ser lidas no ato da postagem ou após a aprovação do gerenciador, que, neste caso, será o professor, criador do mural. Depois da criação do mural, é possível:

(a) elaborar um *layout* para o mural com o tema da discussão;

(b) criar um título;

(c) criar um endereço;

(d) estabelecer quem terá acesso;

(e) instituir a forma de acesso – mais ou menos restrito;

(f) decidir se o mural ficará público ou apenas disponível entre os participantes da pesquisa.

A escolha dessa ferramenta tem como objetivo principal incentivar o aluno à aceitação da atividade, já que persiste a ideia de que ler e escrever são tarefas difíceis e as atividades não são agradáveis. Outra importante função do uso do aplicativo é a possibilidade de apresentar ao grupo de discentes o maior número possível de leituras e releituras de um mesmo objeto.

Professor, antes de apresentar a atividade, acesse o *link* do Padlet e monte um mural interativo que proporcione ao aluno a utilização de várias ferramentas disponibilizadas no app. Siga o passo a passo para poder apresentar o mural aos seus alunos.

1º passo: Acesse o *link*: https://pt-br.padlet.com/

2º passo: Faça o cadastro no aplicativo – acesso gratuito.

3º passo: Escolha um formato para a apresentação das postagens.

Figura 7 – Configurações

Fonte: Arquivo de Janaina Nogueira.

4° passo: Acesse as configurações na parte superior do mural, do lado esquerdo.

5° passo: Acesse o compartilhamento na parte superior do mural, do lado esquerdo, paro poder indicar se o mural interativo será público ou privado e se aceitará comentários.

6° passo: Acesse o campo privacidade e marque a opção que indicará como será o acesso ao mural interativo produzido pela turma.

7° passo: Selecione qual será a permissão dada ao leitor do seu mural

Figura 8 – Privacidade

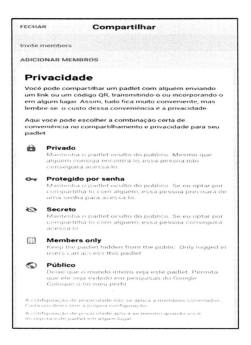

Fonte: Arquivo de Janaina Nogueira.

Figura 9 – Compartilhamento

Vídeo explicativo: https://www.youtube.com/watch?v=-5uUe9Tzyyo
Fonte: Arquivo de Janaina Nogueira

8° passo: Insira os materiais para o desenvolvimento da atividade.

Figura 10 – Organização dos materiais no mural

Fonte: Arquivo de Janaina Nogueira

1.4.3 Padlet: uma proposta para sala de aula

Propiciar o trabalho em equipe e conhecer a ferramentas do aplicativo Padlet.

O professor deverá levar os alunos ao laboratório de informática ou cada aluno deverá usar seu próprio dispositivo. O mural apresentado aos alunos já deverá estar com as configurações de acordo com a proposta da atividade.

Duas aulas de 50 minutos, cada.

A sugestão para essa atividade é montar um mural interativo para os alunos postarem textos em que eles façam sua autodescrição sem se identificar. Deve-se solicitar-lhes que usem características físicas e comportamentais. A postagem deverá ficar aberta para comentários.

1° MOMENTO: MOTIVAÇÃO

 Propiciar a introdução do tema "saúde mental", a partir do Filme "Por lugares incríveis".

Figura 11 – Sugestão de filme

Foto: Netflix, 2020.

 O professor deverá levar os alunos ao laboratório de informática ou cada aluno deverá usar seu próprio dispositivo. Inserir no mural uma sequência de cinco perguntas sobre os personagens para fomentar a discussão sobre o tema.

 Quatro aulas de 50 minutos, cada.

Questões norteadoras para a roda de conversa:
Sugestão:

- Qual é o tema principal do filme?
- Quais são os dilemas dos personagens principais?
- Você já vivenciou alguma situação parecida ou conhece alguém que passou pelos mesmos problemas apresentados na trama?

2° MOMENTO: PESQUISA DE CAMPO

Desenvolver habilidades de compreensão leitora a partir da leitura de textos que abordam situações de *bullying, cyberbullying*, suicídio, depressão, ansiedade.

O professor deverá levar os alunos ao laboratório de informática ou cada aluno deverá usar seu próprio dispositivo.

4 aulas de 50 minutos, cada.

Orientação - Professor:

- Os alunos deverão ter acesso ao mural interativo por meio de seu próprio dispositivo digital ou no laboratório de informática da escola.
- Nesse mural, deverão ser apresentados textos divulgados na mídia, que possam trazer à luz da discussão casos de problemas que afetam a saúde mental.

Atividade no Padlet

Os discentes serão convidados a contribuir com possíveis casos divulgados na mídia, relativos aos temas abordados. Não será necessária a identificação da postagem.

Conforme os alunos fazem suas postagens, o professor deverá realizar a leitura dos textos antes da liberação para o mural. Contudo, vale lembrar que a liberação da postagem só poderá ser feita após o envio de todas as contribuições.

Observação: Professor, incentive seus alunos à troca de informações e a possíveis ações como prevenção para as situações apresentadas por eles como resultados da pesquisa.

3° MOMENTO: PRECISO FALAR?

O professor deverá levar os alunos ao laboratório de informática ou cada aluno deverá usar seu próprio dispositivo eletrônico.

2 aulas de 50 minutos, cada.

Orientação - Professor:

- Nesse mural, você deverá incentivar o aluno a expor situações que ele vivenciou ou possa ter presenciado de *bullying, cyberbullying*, violência psicológica, transtorno alimentar, entre outros.
- Nessa postagem, não será permitida a identificação.
- As respostas deverão ser liberadas somente após leitura prévia do professor.
- Combine com os alunos o tempo para as postagens para que se evite a troca de informações.

Atividade no Padlet

- Organizar o mural no formato linha do tempo.
- Postagens individuais.

4° MOMENTO: RODA DE CONVERSA SOBRE "TER EMPATIA"

Neste terceiro e último momento da atividade, a proposta é uma roda de conversa sobre as postagens feitas no mural interativo criado na aula anterior. Não será necessária a identificação dos autores das postagens, mas é importante que todos contribuam com suas próprias opiniões.

REFERÊNCIAS

COSENZA, Ramon; GUERRA, Leonor. **Neurociência e educação**. Porto Alegre: Artmed, 2022.

DEHAENE, Stanislas. **É assim que aprendemos**: por que o cérebro funciona melhor do que qualquer máquina (ainda...). São Paulo. Editora Contexto, 2022.

ESTANISLAU, Gustavo M.; BRESSAN, Rodrigo Affonseca. **Saúde mental na escola**: o que os educadores devem saber. Porto Alegre: Artmed, 2014.

HAIDT, Jonathan. **A geração ansiosa**: Como a infância hiperconectada está causando uma epidemia de transtornos mentais. São Paulo Companhia das Letras, 2024.

2

SAÚDE MENTAL NO CONTEXTO MUNDIAL

Jefferson Bruce

*Depressão é excesso de passado, estresse é excesso de presente
e ansiedade é excesso de futuro.*

(Dra. Ana Beatriz Barbosa Silva)

Quando pesquisamos na internet sobre saúde mental, inevitavelmente nos deparamos com dados muito negativos, pessimistas e de grandes proporções. Coletados e apresentados por instituições de grande relevância, como a Organização Mundial de Saúde (OMS), Instituto Brasileiro de Geografia e Estatística (IBGE), Ministério da Saúde, entre outros, fica quase impossível não considerarmos que temos um grande desafio à frente. O que me questiono, e aqui divido com você nesta roda de conversa, é: O que fazer? Ou o que não fazer? E se for para fazer, como?

Vejo que temos muitas perguntas. E as respostas? Se eu e, talvez, você, que já somos adultos e já temos uma vivência, nos sentimos desconfortáveis, o que pensar em relação aos mais jovens? Acho que, para começar, precisamos considerar a possibilidade de um choque geracional. Nós, que somos do final do século passado, fomos criados com valores muito diferentes do que os jovens do século XXI estão sendo criados. A maneira como nos relacionávamos, como nos vestíamos, como cortávamos o cabelo, o que e como comíamos, as nossas músicas, as nossas festas – caramba – constituem inúmeras diferenças.

Em 2024, com o mundo globalizado, observo que as mudanças ganharam volume e velocidade. É clarividente que a globalização é um fenômeno que está aí, está aqui, está em quase todo lugar, faz parte da nossa realidade, quer queiramos, quer não. Não tenho a menor pretensão de discutir aqui o processo de globalização, mas refletir sobre este fenômeno.

Acho que é um consenso que, de uma maneira ou de outra, em diferentes intensidades, estamos todos integrados. Esse mundo cada vez mais célere, dinâmico, vem transformando-nos de forma profunda e rápida, ao ponto de muitas das vezes, não nos darmos conta da dimensão dessas mudanças. É na nossa vida pessoal, no trabalho, em nossos momentos de lazer; são tantas as mudanças, que simplesmente elas vêm e vão, e não conseguimos digeri-las.

Vivemos em meio às telas – celulares, computadores, televisores, sistemas de autoatendimento –, a tecnologia da informação adentrou os nossos lares, trabalhos, escolas, enfim, as nossas vidas. Adentramos a era da informação sem sermos informados, formados; simplesmente fomos conectando-nos, reduzindo as distâncias físicas e ampliando as distâncias sociais, e transforma-mo-nos em ciborgues.

As crianças encontraram nas telas mais que uma distração, um amigo imaginário, um brinquedo de inúmeras funções. Os jovens, os adultos, encontraram entretenimento, informação, possibilidades de multiplicar o capital. Para os idosos, o celular virou companhia, uma forma de passar o tempo.

Não gostaria apenas de reproduzir números, dados e mais dados estatísticos, até porque, dentro em breve, muitos deles não serão mais reais; infelizmente, eles estão em constante atualização. Além de considerarmos também a possibilidade de as informações desses dados serem subdimensionadas, uma vez que a sociedade, de uma forma geral, vê as doenças psicossomáticas como um tabu, já citada pela minha parceira de trabalho, Janaina. Por medo, vergonha, ou qualquer outro motivo, as pessoas não se sentem à vontade de assumir, de reconhecer que precisam de ajuda.

Se buscarmos informações específicas sobre casos de doenças psicossomáticas no Brasil, veremos que ficamos entre os principais países, nas estatísticas a respeito da ansiedade, depressão, entre outras doenças. Existem, também, outros levantamentos de dados feitos por órgão governamentais de saúde sobre os custos gerados para o cuidado de pessoas acometidas por essas doenças. Esses custos que tanto interferem no comprometimento de apoio, pois, afinal de contas, vivemos em um mundo majoritariamente capitalista, ou seja, o capital é o que importa. Muitas são as pessoas que ficam incapacitadas de produzir, devido à problemas com a saúde mental. Enfim, são inúmeras as consequências, e, não à toa, a própria OMS indica que, principalmente, a ansiedade e a depressão sejam o mal deste século.

2.1 SAÚDE MENTAL NAS SALAS DE AULA – ANTES E PÓS-PANDEMIA

Que atire a primeira pedra aquele educador que nunca falou que as salas de aula estão lotadas, que os jovens não têm educação, que são desinteressados, desrespeitosos, dentre tantas outras questões que estão interferindo em nosso espaço da sala de aula. Além dessas históricas e conhecidas falas, precisamos pensar em algumas outras questões. Para nos facilitar, gostaria de propor que essa temática fosse dividida em duas partes: 1- para começar, gostaria de falar dos professores e, 2 - para concluir, sobre o que observo sobre nossos estudantes.

Para falar da figura do professor na sala de aula, acho que precisamos dar um passo atrás e começarmos pensando na formação que recebemos dentro das instituições de ensino superior. Em sua grande maioria, passamos por processos formativos que pouco, ou quase nada, nos prepararam para a realidade que enfrentaremos nas salas de aula. Nossas lacunas vão desde as deficiências nos conteúdos, a didática, a gestão de pessoas, a utilização de recursos tecnológicos até a qualidade dos materiais didáticos físicos e digitais, entre outros. Mesmo com todas essas questões, assumimos turmas com mais de 30 alunos e recebemos a principal e equivocada incumbência do professor: a de formar cidadãos e profissionais preparados para um mundo que está por vir. Falo equivocada porque participamos do processo de formação, mas não somos os únicos responsáveis.

Em nosso cotidiano, trabalhamos antes, durante e depois de entrarmos em sala de aula. Infelizmente, tendo em vista os baixos salários, acabamos sendo obrigados a trabalhar em várias instituições, cada uma com as suas realidades físicas, sociais, econômicas etc. E nós, que além de nos adaptarmos a todas essas realidades, ou ao menos tentarmos, ainda somos obrigados a garantir os melhores rendimentos. Imaginem como deve ser a saúde de um indivíduo que trabalha 40, 50 tempos de aula por semana, ou até mais, elabora e corrige inúmeros instrumentos avaliativos, organiza suas aulas, preenche diários e/ou plataformas, gerencia variados conflitos em sala, se desloca de um lado para o outro da cidade, ou até entre cidades, e, entre tantas outras atribuições, ainda precisam cuidar de sua família.

Com a pandemia, fomos obrigados a nos reinventar em tempo recorde. De uma hora para outra, fomos do presencial ao on-line, vimo-nos com computadores, câmeras, microfones e inúmeros outros dispositivos digitais para que a educação não parasse. Afinal de contas, sem a escola, quantos pais sobreviveriam a dias e mais dias inteiros com seus filhos ociosos em casa, tendo de dar conta de seus compromissos de trabalho?

Nessa fase, no auge da pandemia da Covid-19, muitos professores adoeceram, as jornadas, que já eram longas, alcançaram a desumanidade – cheguei a passar 14 horas por dia no computador. Cabe lembrar que essa foi a realidade das escolas, dos professores e das famílias que conseguiram adequar-se, pois precisamos considerar os casos em que o sistema on-line não foi possível e/ou inviável, como nas escolas públicas e em locais sem acesso à internet ou com acesso deficitário. Imaginem alfabetizar uma criança através de uma tela? Muitas foram as escolas que fecharam, muitos foram os profissionais dispensados.

Temos, então, a realidade pós-pandemia, voltamos ao que se convencionou chamar de o "novo normal". Depois de exaustivas jornadas no modelo on-line, teríamos de nos adaptar primeiro ao híbrido, para só então retomar a educação presencial. Durante a pandemia, perdemos pessoas queridas, tivemos redução de nossas receitas familiares, ficamos reclusos, passamos por todos os desafios e sensações que tantos outros indivíduos e profissionais passaram. Porém, em muitas instituições, com o início do novo normal, muito se indagou sobre como estariam os alunos e suas famílias, do ponto de vista financeiro e psicológico. Mas uma questão não foi levada em conta, ficou em segundo plano: e nós, profissionais da educação, como retornaríamos à sala de aula?

Se, para os alunos, os desafios são muitos, para nós, professores, o cenário não é diferente. As escolas, em sua maioria, ainda seguem uma lógica de formação de trabalhadores industriais, ou seja, uniformes, sinais sonoros no início, nos intervalos e no fim do dia letivo, cadeiras distribuídas em fila, metas a serem batidas, tudo isso culminando na melhor formação e, consequentemente, na ocupação dos melhores cargos do mercado de trabalho. Na era da informação, do conteúdo digital, continuamos – nós do século XX – crendo que o melhor, se não o único, caminho para o sucesso é a educação e a qualificação profissional.

Seríamos ingênuos, resistentes ou receosos em relação aos novos tempos?

Vejo que, em meio às inúmeras oportunidades que este mundo globalizado nos traz, continuamos restritos a um número reduzido de caminhos para o sucesso – cabe lembrar que, para a sociedade, de uma maneira geral, sucesso significa acúmulo de bens materiais e volume de dinheiro.

É nesse cenário que muitos dos nossos jovens se veem desmotivados, avessos às salas de aula. Estamos na era da informação, e muitos são os estudantes que têm acesso à internet, ao computador, ao celular, ou seja, é o mundo na palma das mãos. Na visão de muitos deles, as tecnologias de informação por si só já são suficientes para levá-los ao conhecimento, sem a necessidade efetiva do professor. Hoje, o celular e os conteúdos da rede são muito mais interessantes do que qualquer aula; eles são muito mais envolventes do que qualquer professor.

Assim como nossos alunos, tivemos que encarar o novo normal, e as dificuldades não foram diferentes. Imaginem os alunos que, por diversos motivos, não acompanharam as aulas on-line ou até mesmo o sistema híbrido. Imaginem os alunos que fizeram a progressão de um segmento para o outro em meio à pandemia, ou seja, foram do ensino fundamental/anos iniciais para o ensino médio, ou concluíram o ensino médio. Quais foram as lacunas nos processos formativos desses estudantes? Será que eles conseguirão supri-las? Quais serão as possíveis consequências dessas lacunas a longo prazo?

Para nós, educadores, perceber que, com a automação, a necessidade de operários é cada vez menor. É demasiadamente difícil tentar ensinar a quem está convicto de que a tecnologia da informação, por si só, lhe trará conhecimento. Anseio pelo que está por vir, pois, quanto mais acesso à informação, mais limitados ficamos.

Por fim, eu termino esta minha reflexão, que chamo até de desabafo, com um trecho escrito por Haidt, em sua obra de 2024, que tem nos proporcionado, enquanto equipe de projeto, a possibilidade de ampliar nosso conhecimento sobre as fases do desenvolvimento cognitivo de nossos estudantes inseridos nesse ambiente digital.

> [...] durante a puberdade deveríamos estar especialmente preocupados com o que as crianças vivenciam. As condições físicas, incluindo nutrição, sono e atividade física, são importantes ao longo de toda infância e adolescência, mas os primeiros anos dessa fase merecem uma atenção especial porque há um período sensível para a aprendizagem cultural e porque ele coincide com a reconfiguração acelerada do cérebro que tem início com a puberdade (Haidt, 2024, p. 118).

Reproduzo essa informação e deixo o convite para começarmos a modificar nossas práticas de sala de aula, pois a saúde mental não pode ser um fator excluído do nosso cotidiano. Para tanto, os próximos capítulos foram escritos por diversos profissionais que contribuem para que possamos repensar nossas práticas a partir do que o autor nos sinaliza como fatores preponderantes ao desenvolvimento dos nossos alunos.

REFERÊNCIAS

HAIDT, Jonathan. **A geração ansiosa**: Como a infância hiperconectada está causando uma epidemia de transtornos mentais. São Paulo Companhia das Letras, 2024.

3

PREVENÇÃO DA NEUROSE – PROTEGENDO E FACILITANDO O DESENVOLVIMENTO SAUDÁVEL DE CRIANÇAS E ADOLESCENTES

Nívia Vivas

Escrever sobre saúde mental no contexto escolar convida-nos, antes de tudo, a compreender seus conceitos. Sem esgotar a discussão em relação a esse tema, a proposta é abrir espaço para reflexões com o objetivo de servir como base para futuras leituras nessa direção.

A maioria de nós pensa saúde como ausência de doença. Esse é um equívoco grande e infelizmente bastante comum. A OMS define saúde como *um estado de bem-estar físico, mental e social*, e amplia essa perspectiva afirmando que **saúde mental** *é, por definição, um estado de bem-estar vivido pelo indivíduo, que possibilita o desenvolvimento de suas habilidades pessoais para responder aos desafios da vida e contribuir com a comunidade.* Em absoluta consonância, entendemos que a saúde não só é um estado de bem-estar, mas também a capacidade de restabelecimento que uma pessoa pode ter após um episódio de doença.

Outro engano corriqueiro e preconceituoso que acompanha nossas conversas informais é a afirmativa de que psicologia é "coisa de maluco" e que terapia é "para os fracos". Ao longo desses anos de atendimento como psicóloga, existe algo que posso afirmar para vocês com toda tranquilidade: é necessária muita coragem para se sentar frente a uma pessoa, falar de si e abrir dores tão antigas e profundas. Só conheci corajosos! Alguns com 3 aninhos, outros já com 74, alguns que chegaram sozinhos, outros com seu par. E aqueles em maior número, os que chamo de famílias corajosas. Cuidar da saúde mental é um direito garantido por lei, um dever para nós, adultos, se pensarmos na guarda de crianças e adolescentes, é uma grandiosa responsabilidade social. Na prática, esse cuidado abrange sensibilização e informação para que possamos identificar, nomear e dar sentido para emoções e sintomas que perpassam nosso corpo.

Assim sendo, avançamos na compreensão de outro aspecto, ainda introdutório, para que mais adiante possamos, enfim, chegar ao tópico que desejo abordar com vocês. Nesse espaço de reflexão oportunizado pelo Projeto Acolhimento, convido-os neste momento a pensar sobre o contexto escolar.

3.1 CONTEXTO ESCOLAR

O ambiente educacional é um espaço que contempla não só a estrutura física de escolas, universidades e cursos onde ocorrem o processo de ensino e aprendizagem, mas também as pessoas que compõem essa cena: alunos, professores, direção, mães, pais, demais cuidadores, as políticas públicas que norteiam esses espaços, seu contexto histórico, geográfico e social, tal como as relações entre todos esses aspectos. Para Rodrigues e Amaral (1996), o ambiente escolar revela não só a importância de ministrar disciplinas e conteúdos programáticos, mas, sobretudo, fazer com que esses aspectos dialoguem com a realidade dos alunos. Para tal, entendemos que as demandas e necessidades dos educadores também precisam ser consideradas.

Sob esse olhar, um projeto de saúde mental no contexto escolar sugere um conjunto de circunstâncias e acontecimentos que promovam práticas preventivas que resguardem a integridade física e mental das pessoas dentro e fora do universo escolar. É, pois, um projeto no âmbito individual, no momento em que ouvimos e falamos junto ao outro, mas, sobretudo, um trabalho social, posto que integra e desafia diferentes áreas do conhecimento em prol da coletividade.

Atuando como psicóloga clínica, ministrando aulas ou auxiliando terapeutas nos encontros de supervisão, a certeza de que precisamos cuidar de nós mesmos para cuidarmos do outro estabeleceu-se como imperativo ao longo dos anos. Você lembra da antiga história que remete à orientação de emergência nos voos - Sim, é verdade! Coloque sua máscara de oxigênio, cuide de sua saúde. Aflitos, sem ar, desesperados, perdidos, exauridos e à beira de um colapso, não conseguiremos ser boas referências, formar, ensinar, educar ou salvar ninguém, nem a nós mesmos.

Quando penso nessa cena do avião, além de desejar que todos estejam conscientes para fazer o que precisa ser feito, eu incluiria mais um item, mais um acessório de auxílio a quem deverá conduzir o processo: boas lentes de contato. É difícil cuidar do que não conseguimos ver. Boa intenção, disposição e querer bem ajudam muito, mas não bastam quando o assunto requer uma ação mais contundente. Desde nossa mais tenra infância, somos "destreinados" a enxergar o que se coloca diante dos nossos próprios olhos. Em geral, ouvimos "não, não é isso que você está vendo", "não, você não entendeu", "não é nada", "não estou chorando\triste\com raiva". Tudo isso acontece enquanto olhamos e claramente vemos uma cena que nos leva a entender que estamos certos. Essa atitude abala o esboço de confiança que estamos criando aos 6, 7, 8 anos.

Por conta da necessidade de validação de um adulto, abandonamos o que havíamos compreendido e assumimos o discurso ouvido da parte deles, dando início ao processo de perda ou enfraquecimento de nossa percepção. Paramos de confiar no que é coerente para nós e sentimo-nos confusos, frágeis e dependentes. Do ponto de vista da terapia corporal reichiana, perdemos o contato. O conceito de contato revela a capacidade inata de olharmos e compreendermos o que acontece fora (ambiente), compreendermos o que acontece dentro de nós (emoção e pensamento), a partir do que ocorreu no ambiente, e a relação comum entre essas duas vertentes. Boas lentes permitem melhor contato. Olhos sensíveis, acolhedores e bem treinados são ferramentas essenciais no cuidado junto ao outro.

Introduzidos os conceitos de saúde mental, reconhecido o contexto escolar, assinalada a importância do cuidar de nós mesmos e a noção do que é contato, se você seguiu até aqui, sugiro que respire fundo porque vamos agora mergulhar em uma joia rara: a **prevenção da neurose.**

Mais uma vez, pé a pé, caminharemos no sentido de compreender cada uma de suas partes, para, mais apropriados, aprofundarmos nossa discussão.

3.2 O QUE É PREVENÇÃO?

A palavra prevenção tem sua origem no latim *"praevenire"*, em que *prae* (antes) e *venire* (vir) denotam a ela o sentido de antecipar, perceber previamente e/ou tomar a frente.

Tendo como sinônimo precaução e como antônimo imprudência, prevenção diz da ação ou do resultado de se prevenir, dispondo de métodos que impeçam danos. Pode ainda ser compreendida como um conjunto de medidas ou preparações antecipadas visando a evitar um mal.

3.3 O QUE É NEUROSE?

O termo neurose, do grego *neuron* (nervo) e *osis* (condição doente), foi criado pelo médico escocês William Cullen, em 1777, para indicar "desordem de sentidos e movimentos causada por efeitos gerais do sistema nervoso".

De acordo com Laplanche e Pontalis (1996), a neurose é uma afecção (alteração patológica) psicogênica (somática com origem psíquica), cujos sintomas são a expressão simbólica de um conflito psíquico que tem raízes na história infantil do sujeito e constitui compromissos entre o desejo (o que eu quero) e sua defesa (o que faço para dificultar ou impedir o que quero).

De forma simples, neurose é uma doença, que, como tal, precisa ser tratada. Baseando-se no pressuposto psicanalítico desenvolvidos por Sigmund Freud, nossa saúde mental resulta de conflitos entre sexualidade e cultura; sempre que a segunda impede o curso natural da primeira, deparamo-nos com fenômenos patológicos que ocorrem em nossos corpos e nossas mentes.

A neurose é a manifestação atualizada em nós, adultos, dos conflitos vividos na infância e que não puderam ser resolvidos. Ela manifesta nossos amores, dores, faltas, alegrias, frustrações, satisfações, assim como a solução que conseguimos dar para cada conflito que experienciamos ao longo dos anos.

Se, em nosso desenvolvimento, tivermos a oportunidade de expressar e descarregar com contato e acompanhados de um adulto o que sentimos e pensamos, as chances de estabelecermos um funcionamento neurótico crônico são muito reduzidas. Se a nós for negada essa condição, ao longo dos anos, nosso organismo promove uma cisão frente ao acúmulo de carga e conflitos. Assim se estabelece a neurose. O que compreendemos como realidade é deslocado para nosso inconsciente, e perdemos parcialmente o acesso; e o que sentimos como emoção é mantido em nosso corpo por meio de sensações físicas. Essas sensações manifestadas sem nosso entendimento ou controle chamamos "sintoma". Os sintomas são emocionais, comportamentais, corporais, relacionais, sexuais etc. e estão a serviço de aliviar a dor de estarmos cindidos e não sermos mais integrados. Estão a serviço de nos mantermos minimamente funcionais frente à adaptação orgânica e estrutural que nos foi imposta pela neurose.

"Ah, e se eu não for neurótico?" Bem, infelizmente, considerando nossas histórias, os pais que tivemos, os pais dos nossos pais, o atual funcionamento da sociedade, o capitalismo, as guerras, a realidade nas ruas, o enrijecimento muscular em nossos corpos, o sistema neoliberal e tantos outros exemplos que podemos aqui descrever, não estamos mais discutindo "se" somos neuróticos, mas "o quanto" somos neuróticos e o que podemos fazer a partir desse fato.

3.4 O QUE É A PREVENÇÃO DA NEUROSE?

A prevenção da neurose é uma ação no sentido de proteger nosso ritmo biológico. É também informação, sensibilização e um convite para que possamos rever nossas próprias limitações e, a partir dessa intenção verdadeira, nos coloquemos no mundo em prol da proteção da saúde física e mental de gestantes, bebês, crianças e adolescentes. Nascida pelas mãos do psiquiatra, psicanalista, sexólogo e cientista natural Wilhelm Reich, em Viena, Áustria, próximo ao ano de 1922, a prevenção da neurose é uma URGÊNCIA. É uma urgência porque as crianças estão sofrendo, automutilando-se e pondo fim às suas vidas de forma direta e indireta. É uma urgência porque os adultos estão perdidos, mergulhados em suas próprias dores e fragilizados em seus lugares de autoridade. E é uma urgência porque, nesse contexto, caminhamos como sociedade, como um espaço de desamparo e abandono para quem está chegando a esse mundo e dará continuidade a ele.

A prevenção da neurose é também um tema político, social e econômico, que diz respeito a todos nós. Sim, certamente, também a você que lê estas páginas, estando em contato com uma criança ou não. É um tema político, por ser atravessado por leis e diretrizes que norteiam a segurança dos indivíduos; é um tema social, por sua natureza gregária; e é um tema econômico, uma vez que o capitalismo e, portanto, a necessidade de gerar dinheiro nos levam precocemente para fora dos nossos lares, fazendo com que não nos seja possível amparar os pequenos em seus inícios de vida. Compreendida como uma área de estudos e práticas que visa a proteger e facilitar o desenvolvimento saudável de crianças e adolescentes, a prevenção das neuroses tem seu início muito antes da chegada de um recém-nascido. Para estarmos junto ao outro, amar não basta, precisamos também cuidar de nós mesmos.

Autobiográfico e intrigante, esse tema nos faz questionar nossas convicções rígidas sobre educação, nossas certezas teóricas como pais, como professores e as soluções automáticas que acabamos por impor frente aos medos e às incertezas que sentimos. Ele nos leva diante de um espelho que reflete quem somos e questiona a capacidade que temos hoje de nos mantermos pulsantes, alegres, interessados pela vida, exatamente como sentem os nenéns que são bem tratados. Ele nos pergunta se, após tudo que vivemos em nossa história, ainda existe vida viva em nós. Esse espelho que, com sorte, terá uma voz complacente, me perguntará como eu vivo nesse momento, identificará a forma como eu cuido de mim, se consigo ou não ouvir minhas próprias mazelas com empatia, e questionará o que eu venho fazendo com tudo isso a cada dia que acordo. E então, mais sensíveis às nossas próprias demandas, distantes da nossa arrogância defensiva e do julgamento culpabilizatório, teremos maior chance de acolher quem verdadeiramente somos.

Via de regra, nós, adultos, atuamos no mundo de forma soberba, desdenhosa, presunçosa e nos sentimos os donos da verdade. Em geral, não ouvimos, não vemos o outro, priorizamos a fala frente à escuta e trazemos em nós a ideia de que sabemos o que é melhor para o outro. Essa atitude revela nossa fragilidade e nossa tentativa desesperada de nos sentirmos fortes e potentes ao submeter, humilhar e despotencializar quem nos cerca. A essa altura, estamos ou deveríamos estar nos perguntando: "Mas por quê? Por que essa atitude? Por que fiz novamente? Por que faço, se eu a amo? Por que fiz, se eles não merecem? Por que repito esse comportamento, se ele me machucou ao longo dos anos e sei que é destrutivo para minha família?" Buscando uma resposta simples e direta, fazemos porque estamos adoecidos e perdemos nossa capacidade de sentir profundamente, porque estamos cindidos.

Para estarmos junto a uma criança, amar não basta; precisamos de informação. Discursamos como pais zelosos e educadores responsáveis, mas nos sentimos autorizados a decidir o que é melhor para uma criança sem ouvi-la.

Considerando todo cuidado que se faz necessário para estar junto ao outro, entendo que, para proteger e facilitar o desenvolvimento saudável de uma criança, para me relacionar e estabelecer algum grau de contato que permita a conexão com suas necessidades reais, é fundamental que eu (re)aprenda a ver e a ouvir. Sim, reaprenda, pois essa é uma característica que nos é inata, mas que, pelo processo de encouraçamento (forma cristalizada de pensar e sentir), a perdemos com o passar dos anos. Sim, (re)aprenda, pois a grande maioria de nós, lamentavelmente, se perdeu em nossos processos, está infeliz, impotente, amargurada e desesperançosa de sua própria vida. Sim, (re)aprenda, pois estamos afastados do nosso cerne amoroso, dos nossos sonhos e dos nossos desejos mais vibrantes. Acredito que, somente por meio da percepção de vida que há em mim, é possível identificar, conectar-me e respeitar a vida de quem eu cuido, de quem eu alimento, de quem eu amo ou simplesmente ensino Matemática ou Português.

> Não temos o direito de dizer às nossas crianças como construir esse futuro, já que nos mostramos incapazes de construir nosso próprio presente. O que podemos fazer, no entanto, é dizer às nossas crianças exatamente onde e como falhamos. Podemos, além disso, fazer tudo o que for possível para remover obstáculos em seu caminho na construção de um mundo novo e melhor para elas (Reich, 2004a, p.58).

Essa é uma das razões pelas quais esse tema é tão polêmico. Não estamos falando sobre moldar ou enquadrar o comportamento de uma criança, o que é uma demanda muito comum dos pais quando chegam ao consultório ou dos educadores no contexto escolar. Estamos discutindo a importância de reconhecermos que, quando uma criança chega para um atendimento ou quando apresenta uma dificuldade em sala de aula, seu sintoma é, no mínimo, familiar.

Rompendo as barreiras dos consultórios e do atendimento individualizado, a necessidade de prevenir surge da percepção de que a neurose é um fenômeno social. O propósito de falar e sensibilizar, de mobilizar grupos e chegar ao maior número de pessoas possível dá-se por reconhecermos que a neurose é um adoecimento coletivo e somente a clínica individual não daria conta frente à demanda, e principalmente porque o número de crianças em sofrimento cresce a cada ano. Esse tema é urgente, pois as crianças estão crescendo sem um referencial de segurança, amorosidade, sem adultos firmes e responsáveis ao seu lado. O objetivo aqui não é somente reduzir o sofrimento, mas trabalhar para que ele possa ser evitado. Por conta disso, a importância de uma intervenção precoce, no início da vida, no momento em que ainda conseguimos encontrar nossa saúde física e mental preservada, sem os danos causados pelas amarras que nos são impostas.

Como terapeuta, afirmo que meu trabalho é voltado à proteção da infância e da adolescência, mas deixo claro que essa atuação não se restringe necessariamente a estar somente com os miúdos em consultórios ou rodas de conversa. Essa é apenas uma parte do processo que pode ser vivida por nós, profissionais da prevenção. Nossa competência vai além do atendimento infantil ou da aplicação de testes ou técnicas de ludoterapia. Ao receber uma criança no consultório, estamos aceitando, acolhendo e trabalhando junto a todo o sistema que a envolve: pais, educadores, médicos e cuidadores mais próximos como avós, babás e tias. Ao receber uma criança em sala de aula, os professores encontram esse mesmo contexto, no entanto, ampliado por uma dura realidade que reúne 20, 30, 40 alunos em uma só sala. Alunos esses estão ora com fome, ora com sono, ora com abstinência tecnológica, ora deprimidos, enlutados, ansiosos e, por conta de tudo isso, não conseguem conectar-se por mais de 10 minutos com o conteúdo que está sendo passado. É verdadeiramente lamentável o quanto o tema da saúde mental segue sendo negligenciado na formação dos educadores, não permitindo que estes possam desenvolver ferramentas e respaldo emocional para lidar com suas próprias demandas e as de seus alunos. São inúmeras lacunas que educadores de escolas públicas e privadas apresentam por não terem tido a oportunidade de discutir esse assunto em suas graduações e de fazer terapia. Isso os deixa mais vulneráveis e aflitos frente ao sofrimento de seus alunos.

Ainda como agente voltada à profilaxia, nossa prática se volta ao trabalho junto ao cidadão comum: o homem jovem ainda solteiro que precisa ouvir sobre puerpério, a mulher que precisa defender seu direito a uma sexualidade satisfatória, casais que pensam em engravidar, adolescentes buscando afirmação em suas identidades, executivos e suas demandas frias e indiferentes aos próprios filhos, educadores atravessados pelo excesso de cobrança das instituições de ensino, profissionais de saúde exauridos e automatizados em seus plantões, babás desrespeitadas e negligenciadas em sua importância social e familiar, inspetores de pátio que acompanham de perto os intervalos e recreios onde crianças se mostram em sua mais pura essência enquanto se relacionam, um pai em dificuldades com seu filho adicto, uma mãe que busca resgatar a relação com sua filha adolescente, e tantos outros exemplos que ditam o universo de pessoas que estão ou deveriam estar mais saudáveis para promover um desenvolvimento digno para as gerações que estão por vir.

A prevenção da neurose faz com que visitemos nossas memórias e nossas próprias histórias. Por isso, a cada curso, formação ou vivência que experienciamos, a cada leitura profunda sobre o tema ou vídeo que assistimos, estamos acessando os lugares onde nossas vidas começaram, onde e de que maneira o amor chegou a nós, as primeiras evidências do quanto desejávamos esse amor e, por quais infinitas razões, não o tivemos como merecíamos. Faz-nos revisitar nossos vínculos primários, nossa essência, nossas raízes, virtudes que não puderam ser semeadas, demandas infantis que nos foram negadas, mas que permanecem em nós por nunca termos desistido de sermos amados daquela forma, por aquelas pessoas. A prevenção da neurose convida-nos à essência do que somos, para, assim como uma gestante que se torna sonolenta nos primeiros meses de gestação para sintonizar seu ritmo ao do seu bebê, podermos nos reencontrar com nosso cerne amoroso e nos aproximar da natureza viva de uma criança. Dessa forma, mais conectados, acredito que tenhamos maior chance de buscar as bases da nossa potência e seguir firmes em nossa dignidade para exercermos a função de adulto.

Tendo por base esses princípios, a Terapia Corporal desenvolvida por Wilhelm Reich possui a liberdade e o respeito como valores centrais de **educação**. Que aqui fique claro que não estamos defendendo falta de limite; na verdade, é o oposto a isso. Limite e presença são necessários e organizadores no desenvolvimento de uma pessoa, seja qual for seu momento de vida. O propósito da educação de acordo com o pensamento reichiano vai além das aulas, regras de etiqueta, aprovações em concursos nacionais ou da preocupação excessiva com a fixação de conteúdo. Acreditamos que a formação de uma criança tem início em sua própria casa, no núcleo familiar, junto aos pais, irmãos, avós e tios. Essa será a base e o solo de onde partirão seus primeiros valores. Valores esses que encontrarão, ou não, o espaço escolar como solo para a partir dessas brotações, percorrer seu desenvolvimento.

Nesse cenário e com o avançar da idade, os pequenos chegam às creches, muitas vezes, ocupadas como espaços de guarda de crianças por conta do grande volume de trabalho dos seus pais; e, posteriormente, às grandes escolas que, em sua maioria, são lugares de reprodução automática de matérias onde esses mesmos pequenos, agora em idade mais avançada, serão massacrados pelo volume de conteúdo e, exaustos, muito pouco aprenderão.

Ainda no contexto de como os modelos de educação autoritária são impostos em nossas vidas, além das famílias e dos espaços escolares, temos também as instituições religiosas e os grupos sociais, como clubes e associações, que estabelecem e reproduzem uma forma de estar no mundo, que esteja a serviço da moral e dos bons costumes, respeitando pouco ou quase nada as demandas biológicas e sociais dos que estão em formação.

Em todas as suas concepções sobre **educação,** podemos perceber em Wilhelm Reich (1994) a defesa de uma pedagogia voltada à transformação social, a crença no potencial humano, a busca do possível, dentro do impossível, bem como sua confiança na vida. O trabalho *reichiano* tem como premissa o conceito de **autorregulação,** que revela a capacidade espontânea e biológica de funcionamento de acordo com os próprios ritmos internos, acreditando que a vida em si é sábia e cria melhor do que ninguém as ferramentas necessárias para uma melhor existência.

Em sua publicação intitulada *O Caráter Impulsivo*, Wilhelm Reich (2009) afirma que nós, adultos, temos motivações inconscientes que nos levam ao que ele denominou *compulsão por educar*. Esse termo foi descrito pelo autor como forma de elucidar nossa predisposição e ambição insatisfeita a interferir, ajustar, modificar e reconduzir quaisquer atitudes que uma criança tenha, independentemente do sucesso, risco ou erro que esteja tendo naquele momento. Revela ainda que essa "ajuda", automática e invasiva, diz mais sobre a necessidade do educador de intervir e controlar, revelando, ainda que inconscientemente, sua tentativa tardia e desesperada de reparar sua própria infância, do que uma real demanda da criança.

> Para nos convencermos disso basta observar o comportamento de uma menina qualquer com sua boneca no parque ou o comportamento de uma mãe no consultório médico. Não é possível evitar a impressão de que o educador se julga obrigado a fazer alguma coisa, a educar, ainda que nada haja a educar [...]. "Sente-se direito", "não sejas mal-educado diante do médico", "fique quieto", "dê bom dia", "saia daí", "venha cá", "não sujes as mãos", e assim sucessivamente sem pausa ou descanso (Reich, 1987, p. 65).

Ainda nessa publicação e apontando os riscos da ambivalência na relação entre *frustração x satisfação* durante o processo de educação, Reich (2009) nos apresenta quatro possibilidades de condutas educativas que permeiam a relação entre educador e educando. São elas:

a - Frustração excessiva. Amplamente aplicada em nossa sociedade, o autoritarismo e o controle excessivo comprometem a espontaneidade e a vitalidade dos pequenos, na medida em que lhes tiram a oportunidade de aprender e amadurecer com suas próprias experiências, o que os levaria à conquista de maior autonomia e autoconfiança. Frases como "não porque não", "quando você crescer você vai entender", "vai fazer isso quando estiver na sua casa", "engole o choro", entre tantas outras, são exemplos dessa forma de educação. Aqui fazemos uma pausa e, respirando profundamente, buscamos em nossas lembranças quando e de quem ouvimos tais frases; quando e para quem falamos essas frases. Podemos fazer esse exercício escrevendo em uma folha de papel ou listando mentalmente.

b - Satisfação excessiva. Crescente nos dias de hoje e opondo-se ao modelo anterior, essa proposta de educação apresenta uma ampla atitude permissiva que, por sua vez, não permite que a criança compreenda e aceite regras internas e externas. O "pode tudo" compromete a noção de contorno, limite e sociabilidade, fazendo com que as crianças tenham dificuldade para identificar situações de perigo e não consigam adaptar-se a acordos sociais básicos, como respeito ao outro e tempo de espera, uma vez que vivem em uma realidade fantasiosa que não reflete a vida concreta.

Mais uma vez, convido-os a buscar na memória cenas vividas em suas próprias histórias ou testemunhas onde você se deparou com a falta de firmeza por parte do adulto. Falar diversas vezes a mesma coisa sem ser atendida pela criança e insistir nessa estratégia pode revelar certa dificuldade que nós, adultos, temos para colocar limites, além de, por vezes, permitir que a criança se machuque, nos machuque ou quebre objetos que são importantes para ela ou para nós.

c - Frustração excessiva seguida de vasta e irrestrita permissão. Geradora de caos e desorganização em todo ambiente, o "pode tudo" seguido por "agora não pode nada", sem qualquer critério por parte do adulto, retrata uma postura arbitrária, ambígua e incoerente. Essa postura leva nossos filhos, alunos e pacientes a se sentirem confusos e inseguros, uma vez que não encontram um referencial estável em seus responsáveis, revelando, assim, a fragilidade por parte do cuidador.

d - Frustração e satisfação parciais. Essa abordagem sugere o equilíbrio saudável entre negar e permitir. Aqui existe a presença de uma educação que frustra, sim, porém sem inibir por completo os desejos e impulsos. A adequação e a coerência permitem que a criança ou o adolescente realizem seus impulsos considerando a realidade, uma vez que recebem limites claros e amorosos na relação. O grande diferencial dessa proposta é a transparência. A imposição arbitrária e autoritária dos modelos anteriores não abre espaço para o amadurecimento saudável e para autonomia.

Essas correlações e formas de criação nos fazem refletir sobre a importância da saúde emocional do educador, assim como observar sua capacidade de discernir o que é vital e o que é neurótico. Elas nos fazem lembrar que os limites são necessários e organizadores fundamentais em todos os processos de formação, mas que devem ser estabelecidos na relação com o outro e não impostos hierarquicamente, como vemos na grande maioria dos lares e escolas.

É fundamental que possamos compreender que a qualidade da saúde do educador, a maneira como uma prática educacional é realizada, assim como a forma que educamos podem preservar a saúde das crianças, libertando-as para uma vida de realizações, ou podem limitá-las por completo, fazendo-as impotentes e reprodutoras de modelos infelizes. Modelos estes que serão reproduzidos junto às próximas gerações quando essas crianças se tornarem pais, mães, educadores e cuidadores. De forma simples e sincera, é fundamental reconhecer que, nessa dança entre educador e educando, cabe a nós, adultos, identificarmos e compensarmos nossas próprias limitações para que possamos não comprometer o bailar de quem ainda pulsa.

Introduzidas as bases da prevenção da neurose, ampliaremos nosso olhar para suas **práticas**. Pensemos a partir desse momento em ferramentas que auxiliem psicólogos, terapeutas, educadores e profissionais de saúde em seus espaços de atendimento visando a três pilares de suma importância: acolhimento das famílias, diagnóstico do caso e devolução para os responsáveis.

Acolher é verbo, é ação; diz de oferecer refúgio, proteção, conforto, diz de abrigar e amparar. É exatamente isso que uma criança e sua família esperam de nós. É isso que um adolescente busca ao iniciar um atendimento terapêutico ou se matricular em uma escola, mesmo que, muitas vezes, ele não reconheça em si essa demanda. É também isso que merecemos e precisamos buscar para nós a partir do momento em que nos predispomos a trabalhar como agentes de saúde e educação, acolhimento por parte dos nossos pares, supervisores, coordenadores e chefes. Ao analisarmos a importância do acolhimento em um processo terapêutico ou educacional, consideramos a capacidade de nós, adultos, recebermos verdadeiramente uma criança tendo em conta sua história, sua realidade atual, os limites e as potencialidades de seus cuidadores e todo seu entorno. Diz da maneira como vamos receber, aceitar e aproximar-nos do caso de maneira genuína e sem julgamento.

Recebidos e amparados, seguimos o trabalho na direção de um bom diagnóstico com o objetivo de identificar a fase na qual o paciente ou aluno se encontra estagnado. O diagnóstico será nossa base norteadora para o restabelecimento do desenvolvimento natural e amadurecimento de sua matriz de identidade, condição fundamental para que, junto aos adultos, possam reparar situações traumáticas ocorridas nos primeiros anos de vida e promover compensações que os auxiliem a caminhar em direção à autonomia. Esses serão os alicerces segundo os quais devemos nos debruçar ao receber uma família no consultório, ao trabalhar com educadores nas instituições de ensino, promover ações junto a empresas e quando nos sentarmos no chão para brincar livremente com uma criança que precisa de ajuda.

Um bom diagnóstico é fundamental para um trabalho de qualidade, e para tal é importante percorrer as seguintes etapas:

Anamnese\entrevista inicial junto aos cuidadores (pais, mães ou responsável)

Investigação da história da criança ou do aluno e verificação da queixa e demanda atual.

Avaliação com a criança\adolescente

Por meio da relação direta e do diálogo com o paciente ou aluno, a avaliação se dará por meio de atividades lúdicas com jogos, brinquedos e brincadeiras ajustadas à idade, aplicação de testes com a realização de desenhos que permitam o acesso às emoções e aos sintomas presentes e atividades corporais que auxiliem a uma maior apropriação e força corporal. Pelas mãos da psicóloga Brasilda Rocha, em suas publicações *Brinkando com o Corpo* e *Brinkando na Escola*, temos acesso a uma vasta relação de brinquedos e suas funções terapêuticas, aos relatos de brincadeiras e suas consignas, assim como atividades lúdicas para serem realizadas junto a crianças e educadores nos consultórios e espaços escolares.

Devolução junto aos cuidadores (pais, mães ou responsável)

Promover o *feedback* junto aos responsáveis do que foi avaliado, compartilhar nossa compreensão em relação às demandas, dificuldades e necessidades concretas do paciente ou aluno, assim como estabelecer acordos de cooperação mútua e tendo por base as diretrizes que serão estabelecidas e os planos de ação a partir desse momento.

Ao acompanhar e auxiliar o desenvolvimento saudável de uma criança, é importante que tenhamos em mente os parâmetros de cada etapa atravessada pela criança. As fases do desenvolvimento contam as histórias das nossas vidas e estão retratadas em nossos corpos. Desenvolver-se é uma lei primária da existência humana e uma força da natureza. Para que cada período do início das nossas vidas ocorra de maneira satisfatória, nossos direitos básicos devem ser respeitados. Frustrações e negligências em excesso geram fixações que comprometerão nossa realidade adulta. Surgem assim as neuroses e o encouraçamento muscular. Em cada etapa, nascem virtudes e aptidões físicas e emocionais específicas; em cada etapa, temos necessidades especiais a serem atendidas. Se não crescermos em um terreno fértil, nossas brotações poderão ser distorcidas ou abortadas. Se a vida não pulsa, adoecemos. Se o fluxo é interrompido, adoecemos. É imperativo que possamos conhecer as etapas psicosexuais das crianças e atendê-las em suas demandas biopsicossociais.

Em seu livro *Infância, a Idade Sagrada: anos sensíveis em que nascem as virtudes e os vícios humanos*, Evânia Reichert (2016) os convida a conhecer os seguintes períodos:

Período de Sustentação

A partir da gestação, do parto e dos primeiros 10 dias, nasce o direito de existir e de receber contato físico, emocional e energético e a virtude de ser como sou.

Nessa fase ocular, ocorre a maturação dos olhos, dos cinco sentidos e da sensação energética de campo.

Período de Incorporação

Do parto aos 18 meses, nasce o direito de demandar e ser atendido em suas necessidades e a virtude da alegria, confiança e fé na vida.

Nessa fase oral, forma-se a base afetiva, nutricional e a integração dos cinco sentidos por meio da amamentação.

Período de Produção

Dos 18 meses aos 3 anos, nasce o direito da vontade própria, da autonomia e a virtude da organização.

Nessa fase anal, ocorre o desfralde, os delicados excessos dos 2 anos e um considerável salto motor e de linguagem. Forma-se a dignidade, e os pequenos se sentem mais apropriados de si mesmo.

Período de Identificação

Dos 3 aos 6 anos, nasce o direito de integrar afeto – sexualidade e a virtude da curiosidade.

Nessa fase genital, colocam-se presentes a opinião, a espontaneidade e a sensação de poder. Seguindo nosso desenvolvimento céfalo-caudal, a carga chega aos genitais, e o impulso sexual (prazer) caminha junto ao impulso epistemofílico (conhecer).

Período de Estruturação

Dos 6 aos 12 anos, nasce o direito de se sentir apto, se expressar e a virtude da solidariedade

Nessa fase, ainda chamada de genital, a liderança e a autoestima são expressas nos espaços sociais. Engenhosidade (criatividade e destreza) e diligência (interesse e cuidado) estão presentes nas atitudes dos pequenos.

Adolescência

A OMS define a adolescência como o período da vida que começa aos 10 anos e termina aos 19 anos completos. Esse é um período marcado por profundas mudanças hormonais e emocionais. Tendo como marco a saída da infância e a entrada na vida adulta, possui como principal desafio a estruturação de uma identidade.

Período anterior à cronificação da forma de pensar e da maneira de agir que desenharão a vida adulta, essa é uma fase em que temos a oportunidade de uma revisão dos caminhos percorridos até esse momento, assim como a chance para um profundo resgate amoroso de quem somos.

"Os delicados inícios da vida são de grande importância. São o fundamento do bem-estar da alma e do corpo. Gostaria de pedir-lhes o apoio a esses esforços. Precisamos de paz na Terra - paz que começa no ventre da mãe" (Reich, 1998, p. 38).

Pediatra, psicoterapeuta e filha de Wilhelm Reich, Eva Reich dedicou seus longos anos de vida à proteção e prevenção nas relações humanas. Em seu livro *Energia vital para uma bioenergética suave*, a autora foca seus esforços no cuidado junto às gestantes, no delicado trabalho com os recém-nascidos e no profundo respeito a todos os seres vivos.

Tendo por base o trabalho reichiano, minha formação, minha clínica e, principalmente, minha história, sinto que esse é o sentimento genuíno que há em mim e que guia as linhas escritas até aqui. É por ele que acordo, pauto meu trabalho, educo meu filho, honro meus pais, vivo meus amigos e exerço meu amor. É acreditando verdadeiramente que cada um de nós possui um cerne amoroso que teremos a chance de cuidar de nós para cuidarmos dos adultos ao nosso redor e assim criarmos estruturas mais saudáveis para quem está chegando a este mundo. É realizando o possível dentro do impossível que teremos a chance de mantermos vivos nossos corpos e nossos desejos por uma vida mais digna e respeitosa. Independentemente de religião ou credo, acredito que o divino habita em nós, que o sagrado se dá a cada milagre de nascimento humano, a cada sorriso de uma criança, a cada importante passo dado por um adolescente. Se conseguirmos parar e olhar para cada rosto ao nosso redor (façam essa prática, eu a faço sempre!), encontraremos as pequenas crianças que moram por trás das mulheres de negócios, dos motoristas de ônibus, dos garçons em um restaurante, dos nossos pais, parceiros, colegas. Sim, somos as crianças feridas durante as nossas histórias. E é de fundamental importância que as próximas gerações não sejam machucadas da mesma maneira que fomos. Esse precisa ser nosso primeiro compromisso. As crianças precisam ser respeitadas em suas integridades físicas e emocionais para que não tenham suas estruturas rompidas e adoeçam, para que não tenham sua dignidade colapsada e morram. A fonte de bem-estar é inata, a autorregulação é sábia quando busca satisfação interna. Existem coisas na vida que não são ensinadas, somente respeitadas. Que tenhamos a hombridade de não atrapalhar o que é vital e, com isso, impedir o surgimento de distúrbios por meio de um entorno acolhedor, de espaços democráticos onde todas as relações sociais, família, escola, grupos, possam ver e serem vistos. Se encontramos um mundo bom, tornamo-nos bons. A existência é capaz de encontrar por si só bons caminhos, a interferência externa deve ter a função de proteger e facilitar esse caminhar.

REFERÊNCIAS

ABERASTURY, A.; KNOBEL, M. **Adolescência normal**. Porto Alegre: Editora Artes Médicas, 1998.

ALBERTINI, P. **Na Psicanálise de Wilhelm Reich.** Rio de Janeiro: Zagodoni, 2016.

ALBERTINI, P. **Reich**: histórias das ideias e formulações para a educação. São Paulo: Ágora, 1994.Departamento de Psicologia da Aprendizagem, do Desenvolvimento e da Personalidade, do Instituto de Psicologia da Universidade de São Paulo, São Paulo: Pepsic; São Paulo, 2011.

BOADELLA, D. **Correntes da Vida**: uma introdução à biossíntese. São Paulo: Summus, 1992.

GOLDMAN, J. **Fundamentos da Clínica Reichiana**. vol. I. Curitiba: Appris, 2020.

GOLDMAN, J. **Fundamentos da Clínica Reichiana**. vol. II. Curitiba Appris, 2022.

KELEMAN, S. **Amor e Vínculos** – Uma visão somática emocional. São Paulo: Summus, 1996.

LAPLANCHE, J; PONTALIS, J.B. **Vocabulário da Psicanálise**. São Paulo: Martins Fontes, 1996.

RAKNES, O. **Wilhelm Reich e a orgonomia**. São Paulo: Summus, 1988.

ROCHA, B. **Brinkando com o corpo**. São Paulo: Editora Arte e Ciência, 2014.

ROCHA, B. **Brinkando na escola**: o espaço escolar como criação e desenvolvimento. São Paulo: Editora Arte e Ciência, 2016.

REICH, E. **Energia vital pela bioenergética suave**. São Paulo: Summus, 1998.

REICH, W. **Análise do caráter**. São Paulo: Martins Fontes, 2004a.

REICH, W. **A função do orgasmo**. São Paulo: Brasiliense, 2004b.

REICH, W. O caráter impulsivo: um estudo psicanalítico da patologia do ego. São Paulo: Martins Fontes, 2009.

REICH, W. **Paixão de juventude**. São Paulo: Brasiliense,1996.

REICH, W. **Crianças do Futuro**. New York: Editora Farrar, Straus and Giroux, 1987.

REICHERT, E. **Infância, a idade sagrada**. 2. ed. Porto Alegre: Vale do Ser, 2016.

RODRIGUES, C. L.; AMARAL, M. B. **Problematizando o óbvio: ensinar a partir da realidade do aluno**. CONGRESSO DA ASSOCIAÇÃO NACIONAL DE PÓS-GRADUAÇÃO E PESQUISA EM EDUCAÇÃO, 19, Caxambu, 1996. **Anais** [...]. Caxambu, 1996.

STOLKINER, J. **Abrindo-se aos mistérios do corpo**. Porto Alegre: Alcance, 2008.

WINNICOTT, D. W. **O ambiente e os processos de maturação**: estudos sobre a teoria do desenvolvimento emocional. Porto Alegre: Artes Médicas, 1983.

4

A IMPORTÂNCIA DA ALIMENTAÇÃO SAUDÁVEL EM BENEFÍCIO DA SAÚDE MENTAL E DO COMPORTAMENTO ALIMENTAR

Cecília Santos

Para essa roda de conversa proposta pelo Projeto Acolhimento, quero colocar em discussão os transtornos alimentares, que são condições psiquiátricas caracterizadas por alterações persistentes nas refeições ou em comportamentos relacionados aos hábitos alimentares. Quando há alteração no consumo ou na absorção de alimentos, isso afeta a saúde física e mental do indivíduo. De acordo com a última revisão sistemática publicada pelo *JAMA Pediatrics,* em 2023, em 16 países, 22% das crianças apresentam algum tipo de desordem alimentar. A Associação Brasileira de Psiquiatria estima que mais de 70 milhões de pessoas no mundo sejam afetadas por algum transtorno alimentar, incluindo anorexia, bulimia, compulsão alimentar e outros, chamando atenção para a necessidade de implementação de estratégias de prevenção.

A anorexia nervosa e a bulimia apresentam grande incidência entre os jovens do sexo feminino, na idade entre 12 e 17 anos. O mais alarmante nesses casos é que estão relacionadas às maiores taxas de mortalidade entre os transtornos mentais, pois estão associadas ao comprometimento físico e mental devido a problemas nutricionais, como má absorção e a baixa ingestão de nutrientes, alteração hormonal, baixo peso, anemia, sarcopenia, amenorreia, déficit de crescimento, ganho de peso, osteopenia, dentre outros, além dos prejuízos sociais.

Dentre os fatores de risco para os transtornos alimentares, destacam-se a mídia e os ambientes social e familiar. No âmbito familiar, o momento das refeições mostrou-se fundamental na determinação do comportamento alimentar e no desenvolvimento de seus transtornos. Quanto às mídias digitais, existem evidências de que são elas que promovem distúrbios da imagem corporal e alimentar das pessoas. Análises têm estabelecido que modelos, atrizes e outros ícones femininos vêm se tornando mais magras ao longo das décadas. Jovens e crianças em formação de sua identidade corporal sentem-se pressionados em demasia pelas redes sociais para serem magros e reportam terem aprendido técnicas não saudáveis de controle de peso (indução de vômitos, exercícios físicos rigorosos, dietas drásticas) por meio desse veículo.

Por isso, é necessário o desenvolvimento de políticas de acolhimento, informação e discursão dentro do ambiente escolar com a finalidade auxiliar e ouvir os jovens e intervir de forma precoce diante da presença de transtornos ou alterações nutricionais.

Assim, para esta conversa, além da discussão sobre os distúrbios alimentares, proponho algumas sugestões de atividades que podem ser trabalhadas em sala de aula, fazendo os devidos ajustes de acordo com o perfil dos discentes.

4.1 A ANOREXIA

A anorexia nervosa se caracteriza por perda de peso intensa à custa de dietas rígidas autoimpostas em busca desenfreada da magreza, distorção da imagem corporal que afeta de forma severa o desenvolvimento, com consequências alarmantes, como: perda de peso excessivo, déficit de estatura, ausência de menstruação (amenorreia), bradicardia, baixa temperatura corporal, edema nos membros inferiores, obstipação e cianose. A taxa de mortalidade de jovens acometidos pela anorexia chega a 5%, resultado das complicações da doença.

As pacientes "sabem" de sua necessidade de ajuda, mas têm medo do que a mudança corporal possa trazer. As restrições alimentares a que são submetidas criam, com o passar do tempo, quadros de subnutrição que começam, progressivamente, a gerar inevitáveis déficits cognitivos, privando-as de uma capacidade normal de entendimento de seus problemas. Ou seja, é uma doença que gera limitações físicas, emocionais e sociais com grande comprometimento cognitivo e de assimilação de conteúdo em fase escolar. No âmbito psicológico, observamos com frequência: a) baixa autoestima; b) sentimento de desesperança; c) desenvolvimento insatisfatório da identidade; d) tendência a buscar aprovação externa; e) extrema sensibilidade a críticas; e, finalmente, f) conflitos relativos aos temas autonomia *versus* dependência.

4.2 A BULIMIA

A bulimia nervosa (BN), por sua vez, se caracteriza por grande ingestão de alimentos de uma maneira muito rápida e com a sensação de perda de controle, os chamados episódios bulímicos. Estes são acompanhados de métodos compensatórios inadequados para o controle de peso, como vômitos autoinduzidos (em mais de 90% dos casos), uso de medicamentos (diuréticos, laxantes, inibidores de apetite), dietas e exercícios físicos, abuso de cafeína ou uso de drogas (álcool, cocaína, anfetaminas). Vale lembrar que se manter privado de alimentos calóricos por muito tempo não é uma tarefa das mais fáceis, portanto, cada vez que as bulímicas iniciam um período de restrição, uma verdadeira batalha toma lugar. Como é impossível manter-se sob uma condição drástica de regime por longos períodos (tornando a redução calórica um processo ainda mais severo), os desequilíbrios alimentares acontecem após períodos de longo jejum, resultando em quadros de um comer compulsivo (*binge-eating*), caracterizado por um descontrole total e que acaba sendo compensado pelo uso de laxantes, diuréticos, prática excessiva de exercícios ou mesmo vômitos autoinduzidos.

A baixa autoestima bem como a distorção da imagem corporal são os principais componentes que reforçam a busca de um emagrecimento incessante, levando à prática de exercícios físicos, jejum e uso de laxantes ou diuréticos de uma forma ainda mais intensa. Os danos psicossociais são extremos e merecem cuidado, atenção, acolhimento e intervenção.

As complicações da doença são desde erosão dental até alterações neuroendócrinas, distúrbios eletrolíticos pelos vômitos excessivos, laxantes, alteração do funcionamento intestinal e adenocarcinomas pelas frequentes lesões no esôfago causadas pelo vômito.

Compreender o comportamento alimentar requer o questionamento e a reflexão acerca da seguinte questão: "Quem come o quê, quando, onde, e por quê?". A discussão advinda dessa pergunta é fundamental para uma abordagem informativa dentro do âmbito escolar com objetivo de ensinar, acolher e direcionar os jovens sobre essa temática tão prevalente. Estudos evidenciaram que os padrões expostos pela mídia influenciam na construção da imagem corporal dessas crianças e desses adolescentes, modificando suas escolhas alimentares e deixando-os mais vulneráveis aos transtornos alimentares.

O objetivo desta discussão é trazer não só um alerta da necessidade de formação de grupos de informação dentro do ambiente escolar, como também direcionar a forma como se deve abordar o tema em sala de aula.

Sendo assim, apresento, como sugestão, um material direcionado a promover a importância de uma alimentação saudável, além de proporcionar a construção da informação e do reconhecimento desse novo corpo do qual os adolescentes se encontram em formação. Direcionar de forma positiva e fortalecida a autoimagem corporal é importante na construção da autoestima, contribuindo para o desenvolvimento físico, mental e social desses jovens.

4.3 MATERIAL DE APOIO

A seguir, apresento propostas de atividades sobre os principais fatores de risco relacionados ao desenvolvimento de transtornos evidenciados em estudos e metanálises trazidas aqui como material de revisão.

1 - Identificação do que come, onde come e como

2 - Desenvolvimento de senso crítico sobre hábitos alimentares

3 - Desenvolvimento de senso crítico de informação oriundas da mídia

4 - Reconhecimento de autoimagem

5 - Trabalhando conceito beleza

6 - Reforço da autoestima

PROPOSTA 1: O que eu como?

OBJETIVO: Criação de um recordatório alimentar.

METODOLOGIA:

1º passo: Pedir aos alunos para preencherem o Recordatório Alimentar a partir das informações sobre sua própria alimentação dos últimos três dias. Nesse momento, será realizada uma dinâmica em sala, momento em que as crianças e os adolescentes falam sobre seus hábitos alimentares: o que comem, onde comem, alimentos preferidos, tamanho do prato.

Figura 12 – Recordatório alimentar

Recordatório Alimentar

Refeição	Dia 1	Dia 2	Dia 3
Café da Manhã Horário:_____ Onde: _____			
Lanche Horário: _____ Onde: _____			
Almoço Horário: _____ Onde: _____			
Lanche Horário: _____ Onde: _____			
Jantar Horário: _____ Onde: _____			
Outras			

Fonte: Arquivo Cecília Santos.

2º passo: Apresentar aos alunos o conceito de alimentação saudável e pedir que indiquem, a partir de seus recordatórios, o que precisa ser alterado para se alcançar o objetivo.

3º passo: Propor uma roda de conversa para que se possa falar sobre rigidez alimentar, seletividade alimentar, comer saudável, relação da família com a alimentação, entre outros.

4º passo: Propor a criação de um mural para que sejam colocados os principais hábitos alimentares para se obter uma alimentação saudável.

PROPOSTA 2: A ligação entre hábitos alimentares e a construção da saúde

OBJETIVO: Abordar os grupos alimentares: carboidratos, proteínas, lipídeos, vitaminas, minerais, água. Pode-se trabalhar aqui com a pirâmide alimentar ou com o guia de alimentos saudáveis disponibilizado pelo Mistério da Saúde.

METODOLOGIA:

1º passo: Destacar a relevância de cada grupo alimentar no desenvolvimento físico, mental e a importância social da alimentação.

2º passo: Apresentar a imagem da pirâmide alimentar e dar ênfase ao lugar que aparece o grupo "DOCE E AÇÚCARES". Indicar que esses alimentos devem ser utilizados com moderação, pois o excesso pode causar danos à saúde, como diabetes. OBS: Não usar, neste momento, as palavras engorda ou emagrece, e sim a importância de cada alimento no corpo humano.

3º passo: A partir do Guia de Alimentação Saudável, propor uma atividade em grupo para que os alunos possam criar um cardápio com sugestões de alimentos que devem ser ingeridos nas principais refeições do dia, inclusive no horário do recreio.

Figura 13 – Pirâmide Alimentar

Fonte: Ministério da Saúde (1997).

Guia da alimentação saudável[4]

Uma alimentação saudável vai além de simplesmente saber escolher bem os alimentos. Diante disso, o Ministério da Saúde, no "Guia alimentar para a população brasileira", propõe 10 passos a

---

[4] Este texto foi desenvolvido como apoio ao vídeo Cuidados com os Alimentos da série "TV Escola" do Ministério da Saúde como parte do programa de atividades de parceria entre o Depto de Nutrição da Faculdade de Ciências da Saúde da Universidade de Brasília (FS/ UnB) e a Área Técnica de Alimentação e Nutrição do Departamento de Atenção Básica da Secretaria de Política de Saúde do Ministério da Saúde (DAB/SPS/MS)

serem seguidos para se conseguir ter uma alimentação adequada. Veja a seguir quais são eles: Fazer de alimentos in natura ou minimamente processados a base da alimentação.

1. Utilizar óleos, gorduras, sal e açúcar em pequenas quantidades ao temperar, cozinhar alimentos e criar preparações culinárias.

2. Utilizar óleos, gorduras, sal e açúcar em pequenas quantidades ao temperar, cozinhar alimentos e criar preparações culinárias.

3.Limitar o consumo de alimentos processados.

4.Evitar o consumo de alimentos ultraprocessados. Comer com regularidade e atenção em ambientes apropriados e, sempre que possível, com companhia.

5. Fazer compras em locais que ofertem variedades de alimentos in natura ou minimamente processados.

6. Fazer compras em locais que ofertem variedades de alimentos in natura ou minimamente processados.

7.Desenvolver, exercitar e partilhar habilidades culinárias.

8. Planejar o uso do tempo para dar à alimentação o espaço que ela merece.

9. Dar preferência, quando fora de casa, a locais que servem refeições feitas na hora.

10. Ser crítico quanto a informações, orientações e mensagens sobre alimentação veiculadas em propagandas comerciais.

PROPOSTA 3: Existe alimento ruim?

OBJETIVO: Desenvolver senso crítico e informação sobre a alimentação, ensinar onde jovens e crianças devem procurar informação sobre alimentos.

METODOLOGIA:

1º passo: Levar os alunos ao laboratório de informática ou liberar o uso do próprio dispositivo digital para que possam fazer uma pesquisa sobre mitos e verdades da alimentação e as crenças vinculadas em mídia social, principal forma de consumo de informação dentre os jovens.

2º passo: Criar, junto aos alunos, um questionário de perguntas e respostas sobre os conhecimentos dos mitos pesquisados. Fazer a pesquisa com os alunos e professores da escola.

3º passo: A partir dos resultados obtidos por meio dos questionários, montar um mural sobre as informações corretas.

Dicas: Conduzir as informações sobre serem falsas ou não e dar opções de onde procurar informação verdadeiras sobre alimentação saudável.

Indicação de sites de pesquisas: www.gov.br, www.bvsms. saude.gov.br, www.paho.org

PROPOSTA 4: Alimento saudável ou não saudável: vamos ler

OBJETIVO: Desenvolver senso crítico e informação sobre a alimentação, ensinar sobre leitura de rótulos e reduzir as crenças sobre determinados alimentos. Importante ressaltar que nenhum alimento deve ser visto como ruim, mas orientar quando na presença de um alimento "não saudável", reduzir a frequência no consumo deste.

Como identificar um alimento?

- **Ingredientes:**

Normalmente ficam na lateral e trazem todos os componentes utilizados na preparação daquele produto. O primeiro ingrediente é o que está em maior quantidade e assim sucessivamente. Quanto menor a lista de ingredientes, melhor.

- **Informação nutricional:**

Porção: quantidade de produto que o fabricante usa como referência para os valores de cada nutriente que está na tabela;

Quantidade por porção: quanto a porção de referência que possui de cada nutriente;

Nutriente: devem seguir um valor de limite de consumo diário;

% do valor diário (VD): indica em porcentagem quanto àquela porção contém do total que devemos consumir diariamente daquele nutriente.

Figura 14 – Tabela nutricional

INFORMAÇÃO NUTRICIONAL		
Valores referente a porção X		
Quant.por porção		%VD*
Valor energético	48 Kcal=202 KJ	2%
Carboidratos	11 g	6%
Proteínas	2,0 g	2%
Gorduras Totais	3,0 g	6%
Gorduras Saturadas	0,4 g	2%
Gorduras Trans	0 g	0%
Fibra Alimentar	1,1 g	5%
Sódio	125 mg	5%
Açúcares	0,35 g	-

*% Valores Diários com base em uma dieta de 2000Kcal ou 8400KJ.

Seus valores diários podem ser maiores ou menores dependendo de suas necessidades energéticas

Proteína – 10% a 15% do VD

Gordura – 15% a 30% do VD Sódio – < 2g/dia

Fonte: Academina Pratique Fitness.

Desvendando o rótulo

Figura 15 – Tabela nutricional

Porções por embalagem: 10 Porção: 50 g (1 1/2 fatias)

Informações nutricionais	100 g	50 g	%VD*
Valor energético (kcal)	236	118	6
Carboidratos (g)	38	19	6
Açúcares totais (g)	4,6	2,3	
Açúcares adicionados (g)	2,2	1,1	2
Proteínas (g)	13	6,5	13
Gorduras totais (g)	3,5	1,8	3
gorduras saturadas (g)	0,6	0,3	2
gorduras monoinsaturadas (g)	0,8	0,4	2
gorduras poliinsaturadas (g)	2	1	5
Fibra alimentar (g)	6,8	3,4	14
Sódio (mg)	308	154	8

*Percentual de valores diários fornecidos pela porção.
De acordo com a nova legislação, se faz necessário declarar na tabela nutricional as informações nutricionais referentes ao consumo de porções de 50g e 100g de produto. Antes da alteração, o valor nutricional informado era apenas para o consumo de 50g de produto.

Fonte: Grupo Wickbold.

Ingredientes: Farinha de trigo integral, glúten, óleo de soja, açúcar mascavo, sal, farinha de centeio, sal hipossódico e conservadores propionato de cálcio e sorbato de potássio.

 Farinha 100% integral, 1 tipo de açúcar.
Pão integral (FAKE)

Figura 16 – Tabela nutricional

Fonte: Padaria Plus Vita.

- **Ingredientes:** Farinha de trigo integral, glúten, açúcar mascavo, farelo de trigo, fibra de aveia, semente de girassol, grão de trigo, castanha-de-caju, óleo vegetal de soja, açúcar, vinagre, sal, grão de aveia, castanha-do-Pará, nozes, farinha de malte, emulsificantes: mono e diglicerídeos de ácidos graxos, estearoil-2-lactil lactato de cálcio e polisorbato 80, aromatizante, conservadores: propionato de cálcio e ácido sórbico e melhoradores de farinha: ácido ascórbico.

 Muitos ingredientes, mais de um tipo de açúcar, mais conservantes.

METODOLOGIA:

1º passo: Pedir aos alunos para trazerem para a aula embalagens de produtos industrializados para avaliação das informações nutricionais.

97

2° passo: A partir dos materiais levados pelos alunos, instigar como podemos substituir esse alimento não saudável por um mais saudável.

Exemplo: podemos substituir o bolo industrializados por um caseiro, retirar o refrigerante e trocar por suco ou água com gás.

3° passo: Apresentar aos educandos como eles podem usar a tecnologia para orientação da alimentação saudável. O uso de um aplicativo gratuito, chamado *"Desrotulando"*, pode ser uma sugestão de trabalho.

PROPOSTA 5: Percepção corporal

OBJETIVO: Avaliação e percepção de autoimagem.

METODOLOGIA:

1° passo: Deitar cada aluno em cima de um papel pardo e pedir a seu colega para desenhar a silhueta.

2° passo: Após misturar os desenhos, pedir que cada um se identifique entre as silhuetas.

OBS: A prática pode ser feita com o grupo de crianças e adolescentes que apresentam algum indício de alteração alimentar, ou sintomas de transtornos identificados, ou com todos da sala.

3° passo: Solicitar que levem fotos ou nomes de famosos que julguem bonitos, para fomentar a discussão sobre como a beleza é vista de forma diferente entre cada um.

4° passo: Solicitar que cada participante fale sobre uma característica física que acha bonito ou legal no outro, a fim de trabalhar a autoestima e reforçar como a beleza é vista de forma diferente.

Por fim, apresento o teste de avaliação sobre transtornos alimentares. Devo confessar que tive um pouco de receio em colocá-lo neste material, mas, como nos propomos a discutir o tema da alimentação saudável, acredito ser importante o professor também conhecer uma ferramenta que pode auxiliar seu aluno no reconhecimento prévio de um possível distúrbio. Contudo, para preenchimento desta atividade, é necessária a autorização dos pais, por ser tratar de um teste com possibilidade de indicação diagnóstica.

4.4 TESTE DE AVALIAÇÃO SOBRE TRANSTORNOS ALIMENTARES

O crescimento do interesse na investigação dos fatores relacionados aos transtornos alimentares tem-se refletido no aumento do número de instrumentos destinados a avaliar seus sintomas e fatores de risco. No cenário clínico e de pesquisa, o *Eating Atitudes Test (EAT)* é um dos instrumentos mais aplicados para o rastreamento de sintomas e comportamentos de risco para o desenvolvimento de transtornos alimentares. Sua primeira versão foi desenvolvida por Garner *et al.*, em 1979. O EAT-26 já foi traduzido e validado para diversas populações, sendo que poucas delas foram compostas por amostras masculinas. No Brasil, o EAT-26 teve suas qualidades psicométricas avaliadas para adolescentes do sexo feminino, mas esse cuidado ainda não foi dado aos adolescentes brasileiros do sexo masculino. Apesar disso, alguns estudos nacionais já utilizaram o EAT-26 em amostras compostas por meninos.

Como avaliar:

O EAT-26 é um questionário de autopreenchimento, composto por 26 questões na forma de escala Likert de pontos (sempre = 3; muitas vezes = 2; frequentemente = 1; poucas vezes, quase nunca e nunca = 0). A questão 25 apresenta pontuação invertida, ou seja, as alternativas *sempre, muitas vezes* e *frequentemente* são avaliadas com peso 0, a resposta poucas vezes apresenta peso 1, quase nunca peso 2 e nunca valor 3. O escore é QAQA, calculado a partir da soma das respostas de cada item, variando de 0 a 78 pontos, sendo que, quanto maior o escore, maior o risco de desenvolvimento de transtornos. Considera-se que escores maiores que 21 são indicativos de comportamento alimentar de risco.

O que fazer com esses resultados:

21 ou mais pontos = encaminhamento ao setor de orientação.

Menores que 21 = trabalhar hábitos saudáveis.

Figura 17 – Eat 26, validado no Brasil

TESTE DE ATITUDES ALIMENTARES (EAT-26)- Versão em Português

Nome:_____

Idade: _____ Peso: _____ Altura _____

Por favor, responda as seguintes questões:	Sempre	Muitas vezes	Às vezes	Poucas vezes	Quase nunca	Nunca
1 - Fico apavorada com a idéia de estar engordando.	O	O	O	O	O	O
2 - Evito comer quando estou com fome.	O	O	O	O	O	O
3 - Sinto-me preocupada com os alimentos.	O	O	O	O	O	O
4 - Continuar a comer em exagero faz com que eu sinta que não sou capaz de parar.	O	O	O	O	O	O
5 - Corto os meus alimentos em pequenos pedaços.	O	O	O	O	O	O
6 - Presto atenção à quantidade de calorias dos alimentos que eu como.	O	O	O	O	O	O
7 - Evito, particularmente, os alimentos ricos em carboidratos (ex. pão, arroz, batatas, etc.)	O	O	O	O	O	O
8 - Sinto que os outros gostariam que eu comesse mais.	O	O	O	O	O	O
9 - Vomito depois de comer.	O	O	O	O	O	O
10 - Sinto-me extremamente culpada depois de comer.	O	O	O	O	O	O
11 - Preocupo-me com o desejo de ser mais magra.	O	O	O	O	O	O
12- Penso em queimar calorias a mais quando me exercito.	O	O	O	O	O	O
13 - As pessoas me acham muito magra.	O	O	O	O	O	O
14 - Preocupo-me com a idéia de haver gordura em meu corpo.	O	O	O	O	O	O
15 - Demoro mais tempo para fazer minhas refeições do que as outras pessoas.	O	O	O	O	O	O
16 - Evito comer alimentos que contenham açúcar.	O	O	O	O	O	O
17 - Costumo comer alimentos dietéticos.	O	O	O	O	O	O
18 - Sinto que os alimentos controlam minha vida.	O	O	O	O	O	O
19 - Demostro auto-controle diante dos alimentos.	O	O	O	O	O	O
20 - Sinto que os outros me pressionam para comer.	O	O	O	O	O	O
21 - Passo muito tempo pensando em comer.	O	O	O	O	O	O
22 - Sinto desconforto após comer doces.	O	O	O	O	O	O
23 - Faço regimes para emagrecer.	O	O	O	O	O	O
24 - Gosto de sentir meu estômago vazio.	O	O	O	O	O	O
25 - Gosto de experimentar novos alimentos ricos em calorias	O	O	O	O	O	O
26 - Sinto vontade de vomitar apos as refeições.	O	O	O	O	O	O

EAT (R) David M. Garner & Paul E. Garfinkel (1979), David M. Garner et al., (1982)

Fonte: BIGHETI (2004, p.339).

4.5 CONCLUSÃO

Os jovens e as crianças que apresentam algum tipo de transtorno alimentar evidenciam grande insatisfação sobre seu corpo e sua própria imagem. Com isso, eles apresentam uma grande necessidade de recursos para este acolhimento e um espaço de fala, no qual possam expressar seus anseios e ser direcionados a uma nova forma de pensar sobre si mesmos.

Hoje, as mídias digitais causam um impacto relevante e sugestionam culto ao peso, à beleza e aos padrões estéticos inalcançáveis; e ao lado disso, fatores socioculturais são insuficientes para "frear" o desencadeamento dessas patologias. O tratamento de um transtorno alimentar ou alteração da percepção corporal envolve uma equipe multidisciplinar de médicos, psicólogos, nutricionista e participação da família. Porém, trazer essa temática para o ambiente escolar será de suma importância para uma intervenção precoce e assertiva e auxiliar na melhora do prognóstico.

REFERÊNCIAS

ADAMS, G.R. Physical Attractiveness Research: toward a Developmental Social Psychology of Beauty. **Human development**, Nova Iorque, Estados Unidos, n. 20, p. 217-239, 1977.

ALVES, E., VASCONCELOS, F. A. G., CALVO, M. C. M., & NEVES, J. Prevalência de sintomas de anorexia nervosa e insatisfação com a imagem corporal em adolescentes do sexo feminino do Município de Florianópolis, Santa Catarina, Brasil. **Cadernos de Saúde Pública**, Florianópolis, n. 24, p. 503-512, 2008.

BAU AM, KRULL S, ERNERT A, BABITSCH B. Eating behaviour and its association with social living conditions and weight status among adolescent girls: results of the cross-sectional Berlin School Children's Cohort study. **Public Health Nutr**, Berlin n. 14, p. 1759-1767, 2011.

BECKER, A.E.; BURWEL, R.A.; GILMAN, S.E.; HERZOG, D.B.; HAMBURG, P.- Eating Behaviours and Attitudes Following Prolonged Exposure to Television among Ethnic Fijian Adolescent Girls. **The British Journal of Psychiatry**, Boston, n. 180, p. 509-514, 2002.

BERNARDI, F.; HARB, A. B. C.; LEVANDOVSKI, R. M.; HIDALGO, M. P. L. Transtornos alimentares e padrão circadiano alimentar: Uma revisão. **Revista de Psiquiatria do Rio Grande do Sul**, Porto Alegre n. 31, p. 170-176, 2009.

BIGHETI, F. **Tradução e validação do Eating Attitudes Test (EAT-26) em adolescentes do sexo feminino na cidade de Ribeirão Preto-SP**. 2003. Tese (Doutorado) em 2003 – Universidade de São Paulo, São Paulo, 2003.

BIGHETI, F.; SANTOS, C. B.; SANTOS, J. E.; RIBEIRO, R. P. P. Tradução e avaliação do Eating Attitudes Test em adolescentes do sexo feminino de Ribeirão Preto, São Paulo. **Jornal Brasileiro de Psiquiatria**, Ribeirão Preto v. 53, n. 6, p. 339-346, 2004.

BRASIL ESCOLA. Pirâmide Alimentar. 1997. Disponível em: https://brasilescola.uol.com.br/saude/piramide-alimentar.htm. Acesso em: 30 out. 2024.

CASH, T. F.; DEAGLE, E. A. The Nature and Extent of Body Image Disturbances in Anorexia Nervosa and Bulimia: a Meta- analisys. **International Journal of Eating Disorders**, Virgínea n. 22, p. 107-125, 1997.

COOPER, P.; TAYLOR, M. J.; COOPER, Z. ; FAIRBURN, C. G. The Development and Validation of the Body Shape Questionnaire. **International Journal of Eating Disorders,** Yucatan, n. 6, p. 485-494, 1987.

DOWSON, J. AND NENDERSON, L. The Validity of a short Version of the Body Shape Questionnaire. **Psychiatry Research,** Cambridge n. 102, issue 3, 2001.

FAIRBURN, C. G.; MARCUS, M. D. ; WILSON, G. T.- Cognitive Behavior Therapy for Binge Eating and Bulimia: A Comprehensive Treatment

Manual. *In:* FAIRBUR C. G. ; WILSON G. T. (ed.). **Binge Eating**: Nature, Assesment, and Treatment. Nova York: Guilford Press, 1993. p. 361-404.

FAN, Y ; LI, Y ; LIU, A ; HU, X ; MA, G ; XU, G. Associations between body mass index, weight control concerns and behaviors, and eating disorder symptoms among non-clinical Chinese adolescents. **BMC Public Health**, Shandong, 2010, p.10:314.

FS — UNB. Alimentação saudável, 2003. http://bvsms.saude.gov.br/ bvs/publicacoes/alimentacao_saudavel.pdf. Acesso em: 30 out. 2024.

GONÇALVES, J de A.; MOREIRA, E. A. M.; TRINDADE, E. B. S. de M.; FIATES, G. M. R. Transtornos alimentares na infância e na adolescência. **Rev paul pediatr,** v. 31, n. 1, p. 96-103, jan. 2013. https://doi.org/10.1590/ S0103-05822013000100016. Acesso em: 30 jul. 2024.

HUTCHINSON, D. M. ; RAPEE, R. M. Do friends share similar body image and eating problems? The role of social networks and peer influences in early adolescence. **Behav Res Ther**, Sidney, n. 45, p. 1557-77, 2007.

MICALI, N. ; HILTON, K. ; NATATANI, E. ; HEYMAN, I. ; TURNER, C. ; MATAIX-COLS, D. Is childhood OCD a risk factor for eating disorders later in life? A longitudinal study. **Psychol Med.**, Londres, n. 7, p. 1-7, 2011.

MINISTÉRIO DA SAÚDE: *"Mais de 70 milhões de pessoas no mundo possuem algum distúrbio alimentar".* Acesso em: 30 de julho de 2024. https://www. gov.br/saude/pt-br/assuntos/noticias/2022/setembro/mais-de-70-mi-lhoes-de-pessoas-no-mundo-possuem-algum-disturbio-alimentar

PHILIPPI, Sônia Tucunduva *et al.* **Pirâmide alimentar adaptada: guia para escolha dos alimentos**. 1997. http://www.scielo.br/pdf/rn/v12n1/ v12n1a06.pdf. Acesso em: 30 jul. 2024.

PHILIPPI, Sônia Tucunduva. **Pirâmide dos alimentos** — Fundamentos básicos da nutrição. 1997. https://books.google.com.br/books?id=k1llC-gAAQBAJ&printsec=frontcover&hl=pt-BR&source=gbs_ge_summary_r&-cad=0#v=onepage&q&f=false. Acesso em: 30 jul. 2024.

PROJETO SEEDUC. **A nova pirâmide alimentar**.1992. http://projeto-seeduc.cecierj.edu.br/eja/recurso-multimidia-professor/educacao-fisica/novaeja/m1u03/5-a_nova_piramide_alimentar.pdf. Acesso em: 30 out. 2024.

SKIDMORE, P. ; WELCH, A. ; VAN SLUIJS, E. ; JONES, A. ; HARVEY, I. ; HARRISON, F *et al.* Impact of neighbourhood food environment on food consumption in children aged 9-10 years in the UK SPEEDY (sport, physical activity and eating behavior: environmental determinants in young people) study. **Public Health Nutr.**, Norwich, n. 13, p.1022-1030, 2009.

VIANA, V.; SANTOS, P. L.; GUIMARÃES, M. J. Eating behavior and food habits in children and adolescents: a literature review. **Psic Saude Doenças**, Lisboa, n. 9, p. 209-231, 2008.

5

SAÚDE FÍSICA E MENTAL: DUAS PARTES E UM SÓ CAMINHO

Ronaldo Carestiato

A saúde mental é uma preocupação crescente no contexto educacional, especialmente em um ambiente onde alunos e professores enfrentam diariamente uma série de desafios emocionais e comportamentais. Segundo a OMS, questões relacionadas à saúde mental representam um problema de saúde pública global, afetando milhões de pessoas em todo o mundo (World..., 2010). Esta minha proposta para a roda de conversa discute a importância do Projeto Acolhimento como uma iniciativa crucial para a promoção do bem-estar físico e mental nas escolas, proporcionando um espaço para reflexão, discussão e aprendizado, além da convivência saudável e das responsabilidades legais no ambiente escolar.

A sociedade como um todo está doente, e a qualidade de vida está cada vez pior. O tempo com a família diminuiu, assim como o lazer, as viagens e a prática de atividades físicas. Nesse contexto, as crianças e os adolescentes estão adoecendo por causa de vários fatores, como o sedentarismo, o meio ambiente, a falta de atividade física, a violência dentro dos lares, o excesso de tempo nas telas e, principalmente, a alimentação rica em ultraprocessados.

Nessa perspectiva, alinho meu trabalho de prevenção com o Projeto Acolhimento, uma vez que promover um espaço de reflexão dentro do ambiente escolar, fomentando a troca de informações entre alunos e professores, é de fundamental importância para que ambos tenham a consciência do perigo e para que se afastem

105

de armadilhas e gatilhos para uma crise na saúde mental. Sendo assim, nós, professores de todas as áreas do conhecimento, temos a obrigação de proporcionar espaços de reflexão para pensar nos cuidados com a saúde física e mental, que nos assolam diariamente, e ajudá-los a criarem estratégias para conseguirem ter comportamentos preventivos e não chegarem a doenças psicossomáticas.

Para iniciar esta reflexão, apresento dois casos que vivenciei em minha prática de aula e, como *personal trainer*, para elucidar como a atividade física pode favorecer uma vida mais saudável e prevenir doenças como ansiedade e depressão.

Caso 1 – Relato de experiência como professor de Educação Física

Em 2022, eu pude vivenciar estas duas situações concomitantes, tanto na escola quanto na atividade de personal trainer. Na escola, eu lecionava para uma turma do 6º ano com 15 alunos, dos quais cinco tinham problemas relacionados a transtornos mentais. Nesse grupo, existia muita empatia, carinho e atenção para com eles.

Aproveitando esse ambiente acolhedor, solicitei aos outros 10 alunos que fossem meus monitores nas aulas práticas nos esportes em quadra. Eles ficaram responsáveis por cada um dos cinco alunos. Feito isso, pude perceber que essa dinâmica trouxe a sensação de satisfação, prazer, autoestima e interação entre eles.

As crianças com o transtorno de espectro autista começaram a interagir, falar em sala de aula, se expressar melhor e se interessar em fazer as atividades esportivas nos pós-turno, como basquete, voleibol e judô. E nos recreios, também começaram a se movimentar mais e modificar o comportamento sedentário que até então era comum.

A mudança corporal e postural foi visível: diminuíram a adiposidade e melhoraram os aspectos relacionados à aptidão física e, principalmente, aos transtornos mentais associados.

Contudo, por motivos pessoais, no ano de 2023, três dos cinco alunos não deram continuidade às atividades físicas, e infelizmente vemos hoje, em 2024, o reflexo negativo dessa não continuação das atividades regulares, ou seja, os sintomas voltaram a aflorar, e a qualidade do bem-estar declinou.

Portanto, tenho a convicção dos benefícios da atividade física regular para a saúde FÍSICA E MENTAL de crianças e adolescentes.

Caso II – Relato de experiência como personal trainer

No ano de 2021, vivi um grande desafio que me trouxe muitos ensinamentos como ser humano na prática como *personal trainer*.

Vou contar a história da aluna Y, que, aos 67 anos, estava num quadro de depressão forte, chamado depressão atípica. Ela tinha problemas de insônia, sem apetite, dores nas costas, nos joelhos e no ombro, não tinha coragem de sair de casa e sem vontade de fazer nada.

Por conta das dores, ela foi ao ortopedista. Por coincidência, a médica fazia parte da minha equipe de profissionais da saúde. Em sua consulta, a médica me contatou e, enquanto estava avaliando-a, me disse que eu teria um grande desafio e eu era o profissional mais indicado para essa missão. Prontamente aceitei o desafio, preparei-me e iniciei o trabalho. Nas duas primeiras semanas, foi muito complicado, pois ela apresentou forte resistência, demonstrando medo, tristeza, choro e nenhum interesse em fazer exercícios, o que já era de se esperar por ser uma pessoa com depressão atípica. Mas, mesmo sabendo com o que eu estava lidando, me frustrei. Fui para casa arrasado. Foi aí que eu resolvi estudar ainda mais sobre depressão, pois até então eu nunca havia trabalhado com nenhum aluno nessa situação.

A aluna Y tem dois filhos médicos e muito atentos a ela, o que me ajudou muito. Eu fazia relatórios semanais e os enviava ao filho mais velho. Por conta disso, juntos traçamos as estratégias de ação. Concluímos que eu precisava estar em contato com o médico psiquiatra e com a psicóloga que também acompanhava o caso.

Entrei em contato com os dois profissionais, em que pude trocar com a psicóloga mais informações importantes. Isso foi fundamental para eu agir com assertividade, não provocando, na minha aluna, mais resistências.

As semanas foram passando, e o meu trabalho ainda estava sendo feito ou no quarto, ou na sala, ou na copa. Os remédios que ela tomava dificultavam ainda mais o meu avanço, e, durante o primeiro mês, ficar nesses ambientes foi o máximo que consegui alcançar, respeitando, principalmente, o tempo de adaptação dela.

Resolvi, em comum acordo com um dos filhos, que os treinos teriam que aumentar para quatro vezes semanais. Com essa mudança, pude perceber que essa constância foi de grande valia, já que as coisas começaram a mudar para melhor. Quero salientar que os choros e as crises de depressão ainda faziam parte da rotina da aluna.

Depois de quatro meses, consegui, com muita resiliência, fazer com que ela descesse as escadas até o espaço externo do prédio, para que assim ela pudesse novamente ver o céu azul, as árvores e os pássaros voando. Foi um momento simples, porém muito feliz e que me trouxe um grande entusiasmo e a certeza de que estávamos no caminho certo.

Nesse momento de descontração, ela disse que tinha um sonho, pegar o neto de 6 meses no colo e poder agachar e brincar com ele no tapete. Eu disse que isso poderia concretizar-se, mas ela precisava esforçar-se e continuar acreditando no processo.

A partir desse dia, o trabalho evoluiu bastante: já estávamos nas ruas, caminhando 200 metros. Mas eu queria mais, queria que ela conseguisse caminhar 2 km, para então realizar mais um sonho, o de chegar até a igreja e assim voltar a frequentar as missas que ela tanto gostava.

Buscando mais evolução, os treinos foram ficando mais intensos, e então resolvi alternar o trabalho aeróbico com o trabalho de força. E com ela mais dedicada e disposta, automaticamente procurou novos desafios, matriculando-se em uma academia de dança, ou seja, tudo foi melhorando.

O ápice do meu trabalho foi quando o neto fez 1 aninho, e ela finalmente pôde segurá-lo no colo. Esse foi um dos motivos que me fizeram crer que realmente eu estava ali como um ser humano, e não somente como um profissional. Vi nela um grande potencial e acreditei no processo tanto quanto ela, e assim estávamos traçando novas metas e novos desafios, vencendo cada um deles, um dia de cada vez.

A luta contra a depressão continua, não podemos relaxar. Hoje, minha aluna já interage e brinca com os tr6Es netos, toma menos remédios e desfruta de uma melhor qualidade de vida.

A atividade física é, sem dúvida alguma, o melhor remédio para a vida!

Acredito que esses dois relatos trazem para nossa reflexão a importância de pensar a saúde física como principal ferramenta de cuidados com a saúde mental.

Como contribuição para outros educadores, apresento informações sobre os benefícios obtidos com o cuidado com a saúde física, como dados estatísticos que nos orientam o quão importante é levar para nosso espaço da sala de aula, atividades e propostas como a apresentada pelo Projeto Acolhimento.

5.1 DETERMINANTES DA SAÚDE MENTAL

Ao longo de nossas vidas, vários determinantes individuais, sociais e estruturais podem combinar-se para proteger ou minar nossa saúde mental e mudar nossa posição no *continuum* da saúde mental.

Fatores psicológicos e biológicos individuais, como habilidades emocionais, uso de substâncias e genética, podem tornar as pessoas mais vulneráveis a problemas de saúde mental.

A exposição a circunstâncias sociais, econômicas, geopolíticas e ambientais desfavoráveis – incluindo pobreza, violência, desigualdade e privação ambiental – também aumenta o risco de as pessoas sofrerem problemas de saúde mental.

Os riscos podem manifestar-se em todas as fases da vida, mas aqueles que ocorrem durante períodos sensíveis ao desenvolvimento, especialmente na primeira infância, são particularmente prejudiciais. Por exemplo, pais severos e castigos físicos são conhecidos por prejudicar a saúde infantil, e o *bullying* é um dos principais fatores de risco para problemas de saúde mental.

Fatores de proteção ocorrem de forma semelhante ao longo de nossas vidas e servem para fortalecer a resiliência. Eles incluem nossas habilidades e os atributos sociais e emocionais individuais, bem como interações sociais positivas, educação de qualidade, trabalho decente, bairros seguros e coesão comunitária, entre outros.

5.2 PROMOÇÃO E PREVENÇÃO DA SAÚDE MENTAL

As intervenções de promoção e prevenção funcionam identificando os determinantes individuais, sociais e estruturais da saúde mental e, em seguida, intervindo para reduzir riscos, construir resiliência e estabelecer ambientes de apoio para a saúde mental. As intervenções podem ser projetadas para indivíduos, grupos específicos ou populações inteiras.

Reformular os determinantes da saúde mental, muitas vezes, requer ações além do setor de saúde, e, portanto, os programas de promoção e prevenção devem envolver os setores de educação, trabalho, justiça, transporte, meio ambiente, habitação e bem-estar. O setor de saúde pode contribuir significativamente incorporando esforços de promoção e prevenção nos serviços de saúde, defendendo, iniciando e, quando apropriado, facilitando a colaboração e coordenação multissetorial.

A prevenção do suicídio é uma prioridade global e está incluída nos objetivos de desenvolvimento sustentável. Muito progresso pode ser alcançado limitando o acesso a meios, reportagens responsáveis na mídia, aprendizagem social e emocional para adolescentes e intervenção precoce. A proibição de pesticidas altamente perigosos é uma intervenção particularmente barata e econômica para reduzir as taxas de suicídio.

A promoção da saúde mental de crianças e adolescentes é outra prioridade e pode ser alcançada por políticas e leis que promovam e protejam a saúde mental, apoiando os cuidadores a fornecer cuidados afetivos, implementando programas escolares e melhorando a qualidade da comunidade e dos ambientes on-line. Os programas de aprendizagem social e emocional baseados na escola estão entre as estratégias de promoção mais eficazes para países em todos os níveis de renda.

Promover e proteger a saúde mental no trabalho é uma área de interesse crescente e pode ser apoiada por meio de legislação e regulamentação, estratégias organizacionais, treinamento de gerentes e intervenções para os trabalhadores.

5.3 CUIDADOS E TRATAMENTO DA SAÚDE MENTAL

A inatividade física tem sido identificada como o principal fator de risco para a mortalidade global e contribuidor para o aumento do sobrepeso e da obesidade. Em 2010, a OMS publicou recomendações globais sobre atividade física para a saúde que detalhavam intervenções para a prevenção primária de doenças não transmissíveis (DNTs) por meio da atividade física em nível populacional. Estimativas de 2012 indicam que o não cumprimento das recomendações atuais de atividade física é responsável por mais de 5 milhões de mortes em todo o mundo a cada ano. Embora saibamos que mais de 23% dos adultos e 80% dos adolescentes não são suficientemente ativos fisicamente, atualmente, não existem dados comparáveis para crianças com menos de 5 anos.

As recomendações foram estabelecidas para três grupos de idade da população (5-17, 18-64 e acima de 65 anos), mas até o momento não incluíam crianças com menos de 5 anos. A atividade física é recomendada para crianças de 5 a 17 anos para melhorar aptidão cardiorrespiratória e muscular, saúde óssea, biomarcadores de saúde cardiovascular e metabólica e reduzir sintomas de ansiedade e depressão e um acúmulo de, pelo menos, 60 minutos de atividade física de intensidade moderada a vigorosa (ver definição de termos no glossário) todos os dias, por meio de brincadeiras, jogos, esportes, transporte, recreação e educação física, no contexto de atividades familiares, escolares e comunitárias. Quantidades superiores a 60 minutos proporcionariam benefícios adicionais à saúde, e atividades de intensidade vigorosa, incluindo aquelas que fortalecem músculos e ossos, devem ser incorporadas, pelo menos, três vezes por semana.

A primeira infância (abaixo dos 5 anos de idade) é um período de rápido desenvolvimento físico e cognitivo e durante o qual os hábitos da criança são formados e as rotinas de estilo de vida da família estão abertas a mudanças e adaptações. Os comportamentos de estilo de vida desenvolvidos no início da vida podem influenciar os níveis e padrões de atividade física ao longo da vida. Brincadeiras/jogos ativos e oportunidades para atividades físicas estruturadas e não estruturadas podem contribuir para o desenvolvimento de habilidades motoras e exploração do ambiente físico.

Para atender às recomendações de tempo de atividade física diária, principalmente em crianças, o padrão geral de atividade em 24 horas deve ser considerado, uma vez que o dia é composto por tempo de sono, tempo de sedentarismo e atividade física de intensidade leve, moderada[5] e vigorosa. Comportamentos sedentários, como andar de transporte motorizado em vez de caminhar ou andar de bicicleta, sentar-se em uma mesa na escola, assistir à TV ou jogar jogos inativos baseados em tela são cada vez mais prevalentes e associados a desfechos negativos de saúde. O tempo de sono também influencia os desfechos de saúde, e a curta duração do sono está associada ao sobrepeso e à obesidade na infância e na adolescência, assim como a problemas de saúde mental entre os adolescentes. O sono crônico insuficiente até os 7 anos de idade tem sido associado ao aumento da adiposidade no final da infância e adolescência.

Para crianças novas, pode incluir atividades como caminhada rápida, ciclismo, correr em jogos com bola, nadar, dançar etc., durante as quais as crianças ficam quentes e ofegantes.

---

[5] A definição de atividade moderada - Atividade física moderada é o equivalente a 4–7 METs em crianças, por exemplo, 4-7 vezes o gasto energético de repouso para essa criança. A definição de atividade intensa - Atividade física vigorosa e o equivalente a >7 METs.

Nesse contexto, segue o quadro de recomendações diárias de atividades físicas, tempo de comportamento sedentário e tempo de sono segundo a OMS.

ATIVIDADE FÍSICA

- Bebês (menos de 1 ano) devem ser fisicamente ativos várias vezes ao dia de várias maneiras, principalmente por meio de brincadeiras/jogos interativas no chão; quanto mais, melhor. Para aqueles que ainda não se deslocam, isso inclui, pelo menos, 30 minutos na posição prona (rosto e peito para baixo) ao longo do dia enquanto acordado.

- Crianças de 1 a 2 anos de idade devem permanecer, pelo menos, 180 minutos em uma variedade de atividades físicas em qualquer intensidade, incluindo atividades físicas de intensidade moderada a vigorosa, distribuídas ao longo do dia; quanto mais, melhor.

- Crianças de 3 a 4 anos de idade devem permanecer, pelo menos, 180 minutos em uma variedade de atividades físicas em qualquer intensidade, das quais, pelo menos, 60 minutos são atividades físicas de intensidade moderada a vigorosa, distribuídas ao longo do dia; quanto mais, melhor.

TEMPO EM COMPORTAMENTO SEDENTÁRIO

- Bebês (menos de 1 ano) não devem ser contidos por mais de uma hora por vez (por exemplo, em carrinhos de bebê, cadeiras de bebê ou amarrados nas costas de um cuidador). O tempo de tela não é recomendado. Quando quietos, o engajamento em leituras e na narração de histórias com um cuidador é encorajado.

- Crianças de 1 a 2 anos de idade não devem ser contidas por mais de uma hora por vez (por exemplo, em carrinhos de bebê, cadeiras de bebê ou amarradas nas costas de um cuidador) ou sentadas por longos períodos. Para crianças de 1 ano, o tempo sedentário em telas (como assistir à TV ou vídeos, jogar jogos de computador) não é recomendado. Para aqueles com 2 anos de idade, o tempo sedentário em telas não deve ser superior a uma hora; quanto menos, melhor. Quando quietos, o engajamento em leituras e na narração de histórias com um cuidador é encorajado.

- Crianças de 3-4 anos de idade não devem ser contidas por mais de uma hora de cada vez (por exemplo, em carrinhos de bebê) ou sentadas por longos períodos. O tempo sedentário em telas não deve ser superior a uma hora; quanto menos, melhor. Quando quietos, o engajamento em leituras e na narração de histórias com um cuidador é encorajado.

TEMPO DE SONO

Durante um período de 24 horas:

- Bebês (menos de 1 ano) devem ter 14-17h (0-3 meses de idade) ou 12-16h (4-11 meses de idade) de sono de boa qualidade, incluindo cochilos;
- Crianças de 1 a 2 anos de idade devem ter 11 a 14h de sono de boa qualidade, incluindo cochilos, com horários regulares de sono e acordar;
- Crianças de 3 a 4 anos de idade devem ter 10-13h de sono de boa qualidade, que pode incluir cochilos, com horários regulares de sono e acordar.

RESPOSTA DA OMS DIANTE DO QUADRO ALARMANTE DA QUESTÃO SAÚDE MENTAL

Todos os estados-membros da OMS estão comprometidos em implementar o "Plano de Ação Abrangente de Saúde Mental 2013-

2030", que visa a melhorar a saúde mental, fortalecendo a liderança e a governança eficazes, fornecendo cuidados abrangentes, integrados e responsivos baseados na comunidade, implementando estratégias de promoção e prevenção e fortalecendo os sistemas de informação, evidências e pesquisas. Em 2020, a análise do desempenho dos países em relação ao plano de ação da OMS, "Atlas de saúde mental 2020", revelou avanços insuficientes em relação às metas do plano de ação acordado.

O "Relatório Mundial de Saúde Mental: Transformando a Saúde Mental para Todos" da OMS pede a todos os países que acelerem a implementação do plano de ação. Ele argumenta que todos os países podem alcançar progressos significativos em direção a uma melhor saúde mental para suas populações, concentrando-se em três "caminhos para a transformação":

- Aprofundar o valor dado à saúde mental por indivíduos, comunidades e governos; e combinar esse valor com o compromisso, engajamento e investimento de todas as partes interessadas, em todos os setores;

- Remodelar as características físicas, sociais e econômicas dos ambientes – em residências, escolas, locais de trabalho e na comunidade em geral – para melhor proteger a saúde mental e prevenir problemas de saúde mental;

- Fortalecer os cuidados de saúde mental para que todo o espectro de necessidades de saúde mental seja atendido por meio de uma rede comunitária de serviços e apoios acessíveis, acessíveis e de qualidade.

A OMS dá ênfase especial à proteção e promoção dos direitos humanos, capacitando as pessoas com experiência vivida e garantindo uma abordagem multissetorial e multissetorial.

A OMS continua a trabalhar nacional e internacionalmente – inclusive em contextos humanitários – para fornecer aos governos e parceiros a liderança estratégica, evidências, ferramentas e apoio técnico para fortalecer uma resposta coletiva à saúde mental e permitir uma transformação em direção a uma melhor saúde mental para todos.

A saúde mental é extremamente importante para todos,
em todos os lugares.
(World Health Organization; 2010).

5.4 CONCLUSÃO

O mundo sofreu, em 2019, uma pandemia que aumentou em 10 vezes o número de pessoas com depressão e ansiedade. No Brasil não foi diferente: esse quadro mostrou claramente que as pessoas foram impactadas e sofreram muito com a diminuição da saúde mental. Alterações bruscas de humor, síndromes do pânico, nervosismo acima do normal e estresse foram algumas situações que cresceram muito nessa época. Então, isso gerou vários problemas no trabalho, na família, na relação com os amigos e no convívio social.

Portanto, mais do que nunca, é importante falarmos sobre que tipo de reações fisiológicas interferem positivamente no restabelecimento ou no equilíbrio da saúde mental. Existem vários fatores fisiológicos, porém vou falar apenas de três fatores que podem melhorar ou pior a saúde mental do indivíduo.

O cérebro é composto de células, chamadas de neurônios, os quais têm mitocôndrias que fazem o metabolismo aeróbico. Quando o indivíduo tem, por qualquer razão, uma diminuição do metabolismo cerebral, começam a aparecer os sinais e sintomas da alteração da saúde mental.

Existem vários fatores que impactam nessa alteração cerebral, por exemplo, aumento de peso, envelhecimento, sedentarismo, uma má alimentação. E quais são as consequências dessas alterações para a saúde mental?

Redução da oxigenação cerebral. Ou seja, o cérebro é um órgão que precisa de muito oxigênio para trabalhar bem e, quando existe alguma alteração de menos fluxo de sangue e oxigênio, diminui a quantidade de neurotransmissores excitatórios, como dopamina, adrenalina, noradrenalina e serotonina, e o número de sinapses ativas. Se tivermos menos sangue, menos oxigênio, menos sinapses e, consequentemente, menos ações dos neurotransmissores, vamos, ao longo do tempo, criar um quadro de disfunção mitocondrial, por conseguinte, desregulação dos bilhões de neurônios que temos.

Começam as ficar mais frequentes as alterações que citei logo no início do texto. Então vem a nossa questão: como a atividade física e ou exercício físico pode ajudar a melhorar esse quadro fisiológico, a saúde mental e, consequentemente, o perfil comportamental do indivíduo?

Existem vários fatores, mas vou citar apenas alguns. Em primeiro lugar, é preciso dizer que não importa o tipo de atividade ou treino que você vai fazer, pois qualquer atividade que você fizer vai ter o aumento da temperatura corporal, e isso provoca vários efeitos fisiológicos que estão associados à melhora da saúde mental, como: aumento da circulação de sangue para o cérebro, aumento da capilarização, ou seja, a vascularização e obviamente, um aumento da oferta de oxigênio para o neurônio e mitocôndrias, melhorando a geração de energia aeróbica nas regiões cerebrais ligadas a percepções de bem-estar e felicidade. A neurogênese vai acontecer melhor, os bilhões de neurônios que existem no cérebro vão procurar fazer novas sinapses com outros neurônios que estavam inativos, gerando uma grande ativação dos neurotransmissores, como a dopamina, adrenalina, serotonina, ocitocina, entre outros; com isso, regula-se o seu estado de felicidade e a sensação de bem-estar.

Portanto, o Projeto Acolhimento foi um divisor de águas para definitivamente eu perceber o quanto esse mundo mudou nossa rotina para pior, transformando-nos em máquinas que precisam produzir 10, 12, 14 horas de trabalho por dia, numa correria louca e que cobra cada vez mais resultados, números e metas a bater.

Assim, neste ritmo maluco, não percebemos o quanto estamos ficando automatizados, muitas vezes, até sem tempo para cuidarmos de nós mesmos.

REFERÊNCIAS

AUSTRALIAN GOVERNMENT DEPARTMENT OF HEALTH. **Move and play every day:** national physical activity recommendations for children 0-5 years. Canberra: Department of Health, 2014.

IRIS. INSTITUTIONAL REPOSITORY FOR INFORMATION SHARING. Guidelines on physical activity, sedentary behaviour and sleep for children under 5 years of age: web annex,: evidence profiles. 2014. Disponível em: https://iris.who.int/handle/10665/311663. Acesso em: 3 out. 2024.

WORLD HEALTH ORGANIZATION. **Global recommendations on physical activity for health**. Geneva: World Health Organization, 2010.

WORLD HEALTH ORGANIZATION. **Global status report on noncommunicable diseases**. Geneva: World Health Organization, 2014.

6

UM LUGAR PARA FALAR E SER OUVIDO: UM RELATO DE EXPERIÊNCIA NO CONSULTÓRIO DE PSICOLOGIA

Luciane Pellon

Foi com grande alegria que recebi o convite dos professores Janaína Nogueira e Jefferson Bruce para dar minha contribuição como profissional da saúde mental ao Projeto Acolhimento, elaborado e colocado em prática com grande sucesso por eles.

Eu tive a honra de acompanhar este projeto desde a sua fase embrionária; das primeiras aplicações até os resultados positivos que se multiplicaram entre alunos, pais, professores e diretores de diferentes escolas.

Este sucesso se deve, a meu ver, à sensibilidade dos professores, capazes de compreender um vazio entre os diferentes agentes da escola no pós-pandemia e a necessidade de propiciar um lugar de escuta e acolhimento a todos os envolvidos diariamente nas atividades escolares e que carregam, de uma forma ou de outra, uma dor, um desconforto, uma angústia, mas não sabe a quem recorrer, com quem falar, como falar, como dividir e como lidar com esse sofrimento.

Sendo uma profissional da saúde mental há mais de 24 anos, gostaria de falar um pouco sobre o que vi e vivi nos atendimentos a crianças e adolescentes durante o período da Covid-19 e, assim, colaborar para que este projeto acolha cada vez mais alunos, professores e todos que, de alguma forma, estejam envolvidos no meio escolar.

Antes da pandemia, eu realizava atendimentos psicoterapêuticos de forma exclusivamente presencial, cenário que migrou para o ambiente on-line, em razão da crise sanitária.

A pandemia isolou as crianças e os adolescentes do mundo exterior. Eles deixaram de ter a convivência com os professores e amigos da escola, não puderam mais praticar os esportes e as atividades físicas de que gostavam, comemorar o seu aniversário e o aniversário dos amigos, nem visitar parentes com medo do contágio pelo vírus e, principalmente, de virem ou levarem alguém a óbito.

A pandemia representou a perda da liberdade de ir e vir e inaugurou um período de isolamento físico, social e emocional. A convivência com os amigos foi comprometida, e o único meio de contato foi o celular; no início, ligações de vídeo faziam as pessoas se sentirem mais próximas umas das outras, mas, com o passar do tempo, se transformaram em mensagens escritas pelo WhatsApp e pelos aplicativos conexos.

Os celulares, *notebooks* e *tablets*, que antes tinham seu tempo de acesso restrito e controlado pelos responsáveis, foram normatizados quando a escola precisou deles para dar continuidade ao ano letivo. Os médicos tinham que ser consultados, os atendimentos psicológicos deveriam ter continuidade; o trabalho e a vida como um todo foram transformados em um mundo on-line.

Em contrapartida, houve um excesso de convivência familiar: pais que trabalhavam fora agora estavam dentro de casa 24 horas por dia. O espaço familiar se tornou pequeno e limitado, e todos tiveram que se adaptar a uma nova realidade dentro e fora de casa.

Teve início, então, uma realidade assustadora, em meio a notícias de mortes pelo mundo, que chegavam cada vez mais perto da realidade de cada um.

Se essa situação foi assustadora para os adultos, imaginem para crianças e adolescentes. Se causou crises de ansiedade em adultos em razão da atmosfera de absoluta incerteza e falta de controle sobre a própria vida, sobre se a Covid-19 teria ou não um fim, se a morte chegaria com o vírus ou se a vida voltaria a ser como antes, imaginem o que significou para as crianças e os adolescentes. A imprevisibilidade gera ansiedade. O medo paralisa. A falta de esperança deprime. A dor machuca a ponto de levar alguns a se machucarem fisicamente ou, em casos mais extremos, darem fim à própria existência.

O projeto dos professores Janaína e Bruce compreende a população de adolescentes entre 12 e 18 anos, portanto é importante falarmos desse período tão intenso e tão importante na vida do ser humano.

Aberastury e Knobel (1989), dois psicanalistas que se dedicaram ao estudo da adolescência, destacam que esta não deve ser vista apenas como uma passagem para a vida adulta; é importante que, a despeito de conflitos e incertezas característicos dessa fase, se chegue a seu final de forma estável e com maturidade, com caráter e personalidade de adultos, a fim de que seja possível que o adolescente se reconheça no mundo como um todo biopsicossocial. Para tanto, é preciso que ele lide não só com as mudanças corporais, mas também com as mudanças psicológicas, nas relações com os pais e com o mundo, o que os autores chamam de três lutos, que marcam: luto do corpo de criança; luto pela identidade infantil; e luto pela relação com os pais da infância.

O grupo de amigos, os pais e a sociedade possuem papéis relevantes nesse processo de formação de identidade e autoconhecimento do adolescente. As mudanças corporais, muitas vezes sentidas com certo estranhamento e a identificação com seus pares, faz com que os adolescentes se sintam mais seguros e tenham a sensação de pertencimento. Muitas vezes, o grupo se torna mais importante nesse período do que a família, mas passar por essa experiência grupal é necessário, e, assim, a maneira que ele vai assumindo sua própria identidade, o adolescente volta a encontrar o equilíbrio entre o grupo e a família.

Siegel (2016), neuropsiquiatra que trabalha com adolescentes e autor de livros famosos, dentre eles *O Cérebro do Adolescente*, diz que devemos quebrar alguns mitos sobre a adolescência para que não só os auxiliem como também os ajudem a florescer nessa fase de intensa criatividade.

O primeiro mito que é derrubado por Siegel é de que os "hormônios em fúria" enlouquecem os jovens. Sim, há um aumento de hormônios, mas não são eles os únicos responsáveis pelas alterações na adolescência, mas, principalmente, as grandes alterações no desenvolvimento do cérebro.

O segundo mito a ser quebrado é que a adolescência é um período de vida a ser tolerado e que todos que convivem com os adolescentes vão sobreviver de uma forma ou de outra. É, para o autor, uma visão muito limitada de um período importante da vida e que esses jovens podem prosperar se forem adequadamente incentivados, definindo seu caráter e sendo capazes de levar a vida com propósitos e valores.

O terceiro mito é o de que, na adolescência, se deve passar da dependência para total independência. Embora a independência seja incentivada pelos pais e/ou mesmo reivindicada pelos adolescentes, o mais saudável é que esse movimento se faça de forma mais natural e equilibrada, por meio da interdependência. A interdependência é a passagem saudável da necessidade de cuidado e ajuda dos adultos para aprender a cuidar de si e a se apoiar nos nossos iguais.

Acho importante falar desse autor porque ele tem uma visão extremamente positiva da adolescência e enxerga esse período da vida como o de maior poder de coragem e criatividade. Essa criatividade que nasce com as mudanças no cérebro pode ajudar não só os adolescentes nessa fase de vida, mas causar impactos positivos na sua vida adulta.

Ele também destaca que cada característica do crescimento do cérebro adolescente (busca por novidade, engajamento social, aumento de intensidade emocional e exploração criativa) pode ter vantagens e desvantagens e dependerá não só dos adolescentes que estão vivendo essa etapa de suas vidas cheias de desafios e de novas experiências, mas dos adultos que estarão com eles nessa jornada.

Aí entra a importância da escola. É nesse espaço de múltiplos atores que os adolescentes encontram e se identificam como grupo e reconhecem em seus professores a autoridade exercida em casa pelos pais. Os anos escolares podem ser vividos como inesquecíveis ou terríveis, a depender da vivência de cada um e de como enfrentaram os problemas do relacionamento com o outro, com o grupo, identificando-se com ele ou isolando-se, sentindo-se parte de um todo ou uma parte à parte do grupo.

Não é por acaso que a escola, com esse olhar mais atento aos seus alunos e às suas mudanças comportamentais, é a primeira a alertar os pais de que alguma coisa não anda bem com seu filho.

A maioria dos meus pacientes chegam ao meu consultório porque a escola comunicou os pais sobre alguma mudança significativa no adolescente, e a outra parte é trazida pelos pais com dificuldades em lidar com as mudanças dos seus filhos.

Aqui a minha pretensão é destacar a importância do Projeto Acolhimento, que nasceu da sensibilidade de dois professores preocupados não só com os conteúdos a serem dados em sala de aula, mas em ouvir de maneira atenta, olhar de forma sensível e acolher carinhosamente a dor e os anseios de cada um de seus alunos, com todas as suas singularidades, dificuldades e angústias.

Borges e Pinheiro (2021), no artigo "Roda de conversa e o contato com o adolescente do século 21", chamam a atenção para o momento em que estamos vivendo relações sem vínculos. Ou seja, nossas relações foram substituídas por conexões que facilmente podem ser desconectadas, descartadas. E no meio escolar, é possível notar a necessidade de restabelecer vínculos, de voltar a ter uma comunicação, um diálogo, uma conversa com contato físico, olho no olho, sem fazer uso de celular e redes sociais.

O espaço propiciado pelo Projeto Acolhimento tem o papel de unir os adolescentes e os docentes, em uma roda de bate papo em que cada um, com sua singularidade, possa expressar-se livremente, ser ouvido sem críticas, mas com respeito, ouvir pontos de vista diferentes, enxergar pontos para ele até então nebulosos, escutar formas diversas de enfrentar os mesmos problemas.

Essa troca traz inúmeras possibilidades: o adolescente será capaz de mudar de atitude diante da dor do outro, passa a ficar mais atento ao colega ao seu lado, que talvez possa estar precisando de uma ajuda, seu olhar para os professores passa a ser de admiração, por saber que podem contar com ele, vai ficar mais atento às suas atitudes e ser capaz de mudá-las sempre que for necessário.

Para terminar, gostaria de salientar as questões das redes sociais como divulgadores de sinais e sintomas de transtornos mentais, inclusive, o que muitos chamam de "Dr. Google". Nem todo o sintoma é patológico, ou seja, nem todo tremor e palpitação é ansiedade, nem toda a tristeza ou falta de vontade de levantar da cama é depressão. Cabe a um profissional examinar e definir se o adolescente precisa de um acompanhamento psicológico, ou se uma medicação fitoterapêutica ou homeopática pode amenizar os sintomas, ou se há a necessidade de um tratamento psiquiátrico, ou, ainda, se cabe, no caso, o atendimento multidisciplinar

É preciso quebrar paradigmas de que sofrimento mental é coisa de "gente doida". Esse tipo de sofrimento é um dos piores, porque ninguém vê, ninguém sente e ninguém entende, só os profissionais da área. Por isso, é importante incentivar a conversa franca entre pais e filhos, incentivar o diálogo franco e aberto sobre sofrimento mental, dar a devida importância ao que os filhos falam e aos que se calam. Todo cuidado é importante. Todo cuidado importa.

A escola é um mundo à parte, onde se unem adolescentes com as mais variadas demandas, os professores que são de uma outra geração e que aprendem e se adaptam a esses inúmeros e incógnitos alunos em ebulição, com suas histórias familiares, por vezes, desconhecidos e que têm de dar conta do trabalho, da classe e de si e de sua família. Que pessoas espetaculares são os professores! Parabéns, Janaína e Jefferson, pela sensibilidade e pelo carinho com seus alunos!

REFERÊNCIAS

ABERASTURY, A.; KNOBEL, M. **Adolescência normal:** um enfoque psicanalítico. Tradução de S. M. G. Ballve. Porto Alegre: Artes Médicas, 1989.

BORGES, ERR.; PINHEIRO, Lia. **Rodas de conversa e o contato com o adolescente do século XXI.** *In:* PINHEIRO, Lia.; ZANELLA, Rosana (org). Adolescência na clínica gestáltica. 1. ed. São Paulo: Summus, 2021. p.189-194

SIEGEL, D. *O cérebro adolescente: o grande potencial, a coragem e a criatividade da mente dos 12 aos 24 anos.* São Paulo: Verso, 2016.

7

RELATOS DE PARTICIPAÇÃO NO PROJETO ACOLHIMENTO

M. E. NUNES – ALUNA DO ENSINO MÉDIO

O Projeto Acolhimento é fundamental no ambiente escolar, pois promove um espaço seguro e acolhedor para os alunos. Como aluna, percebo que a escola deve ser um lugar onde podemos expressar nossas emoções e desafios. Este projeto não só oferece suporte, mas também ajuda a criar uma cultura de empatia e compreensão entre os estudantes e professores, levando os ensinamentos para o mundo externo também, ficando mais atentos aos sinais e provocando reflexões sobre a importância do tema.

Acredito que o tema da saúde mental deve ser amplamente discutido nas salas de aula. É essencial que todos, alunos e professores, estejam cientes da importância de cuidar da saúde mental. O Projeto Acolhimento fornece ferramentas e estratégias que podem auxiliar tanto os alunos quanto os educadores a lidarem com questões emocionais de forma mais efetiva.

Após ouvir a palestra, tive a oportunidade de refletir sobre minha própria saúde mental. Isso me fez perceber a importância de dedicar um tempo para cuidar de mim mesma e reconhecer quando estou sobrecarregada. Essa reflexão certamente trouxe mudanças positivas, como a atenção devida aos que estão em minha volta.

Os palestrantes trouxeram informações muito relevantes sobre saúde mental, abordando desde sinais de alerta até estratégias de autocuidado. Acredito que todos que tiveram a oportunidade de participar dessas rodas de conversa puderam perceber a importância do tema e ampliar a compreensão, sendo incentivados a buscar mais conhecimento e apoio quando necessário.

Sentir-se acolhida pelos professores é crucial para a formação do aluno. Quando os educadores demonstraram compreensão e empatia em relação às minhas necessidades emocionais, isso não só fortaleceu minha confiança, mas também me encorajou a me envolver mais nas atividades escolares. Um professor que se importa verdadeiramente faz toda a diferença na experiência escolar.

Sou suspeita para falar deste projeto maravilhoso, pois sou fã desses educadores que tanto me ajudaram e ajudam. É lindo de ver a concretização de mais uma conquista. O Projeto Acolhimento faz toda a diferença, pois nos ajuda a entender a importância de estarmos bem com nós mesmos. Estou muito feliz de participar disso, para que cada vez mais pessoas possam entender e contribuir com aqueles que estão precisando.

LUCILENE – TÉCNICA DE ENFERMAGEM (ESCOLA)

Como educadora e profissional da área da saúde, entendo que os alunos com boa saúde mental tendem a se concentrar melhor, participar mais das aulas e ter um desempenho acadêmico superior. Nesse sentido, o Projeto Acolhimento ajuda os alunos a lidarem com o estresse e a ansiedade, comuns durante o período escolar.

Esse projeto faz com que os professores compreendam melhor para saber lidar com a própria saúde mental e ter melhores relações com os alunos, favorecendo o aprendizado. Com isso, entendemos que programas de apoio ajudam a prevenir doenças psicossomáticas como a síndrome de Burnout, uma condição de esgotamento físico e emocional comum entre professores, e proporciona oportunidades de formação contínua sobre como lidar com questões de saúde mental em sala de aula.

A educação não se limita ao conhecimento acadêmico. Por isso, discutir saúde mental pode ajudar a identificar e prevenir problemas antes que eles se tornem graves. Isso é crucial para o bem-estar a longo prazo. Essa abordagem, fomentada pelo projeto, falando abertamente, reduz o estigma associado a problemas de saúde mental, encorajando os alunos a procurarem ajuda quando necessário.

Temos que mudar as nossas atitudes em relação à saúde mental, valorizando mais o bem-estar emocional e mental, incorporando novos hábitos, implementando práticas sugeridas durante a palestra, como técnicas de relaxamento e buscar apoio profissional se necessário. Melhorar a comunicação. Sentir-se mais à vontade para falar sobre saúde mental com colegas, amigos ou familiares, o que pode criar um ambiente de apoio mútuo. Nesse caso, a equipe do projeto, por serem professores e conhecerem o dia a dia da escola, traz-nos dados sobre a prevalência de problemas de saúde mental entre alunos e professores, o que nos faz entender a gravidade da situação e a necessidade de intervenção.

Como pessoas que compartilham suas histórias e seus testemunhos de problemas enfrentados relativos à saúde mental, essa proposta ajuda a humanizar o tema e reduzir o estigma. E isso, a equipe Acolhimento sabe fazer verdadeiramente com maestria.

ANTONIO NUNES – PROFESSOR DO ENSINO MÉDIO

Entendo que iniciativas e projetos que apontem na direção da promoção da saúde mental das pessoas é de suma importância em todos os aspectos, notadamente no contexto escolar, lugar de construção de saberes e desenvolvimento pessoal, tanto acadêmica como socialmente. A perspectiva do sucesso nas diversas áreas de atuação do ser humano passa pela sua saúde mental, inclusive no que se refere à convivência no ambiente escolar.

Nesse sentido, existe um aspecto importante na proposta do Projeto Acolhimento, que é aquele relacionado, posteriormente, à vida profissional do aluno num contexto extremamente competitivo do ponto de vista socioeconômico. Na era pós-pandemia, essas ações podem ainda ter uma relevância maior, pois entendo que alguns aspectos relacionados à convivência precisam ser resgatados, reconfigurando um modelo estabelecido durante a pandemia que apresentava como alternativa "viável" relações interpessoais caracterizadas pela distância, ainda que funcionais, viabilizadas pela tecnologia.

Como educador, entendo ser o Projeto Acolhimento muito importante. Contudo, penso que algumas "barreiras" ainda deverão ser transpostas, pois ainda existe uma visão um tanto preconceituosa com relação à terapia ou a outras estratégias que tratem da saúde mental das pessoas. O desenvolvimento desse tipo de projeto no ambiente escolar, no meu entender, deve caminhar em função das demandas presentes em sala de aula e no ambiente escolar como um todo, pois se trata de um fenômeno sociológico, em que as adaptações durante o processo são absolutamente necessárias.

Um projeto como este pode, sem dúvida, servir de suporte para outros educadores. Num primeiro momento, o projeto serviria de elemento "despertador" do tema, num segundo momento, serviria de escopo teórico para ações mais objetivas e práticas, estas, já numa terceira fase, contribuiriam para a minimização ou mesmo resolução de conflitos no ambiente escolar.

CLAUDIA BRAZ – DIRETORA PEDAGÓGICA

Como educadora há mais de 35 anos, já acompanhei muitas mudanças no setor educacional, no ambiente institucional e na sociedade como um todo. E, como gestora, venho-me preocupando cada vez mais com as relações, mais precisamente, com o afeto nas relações, ou a falta dele.

Numa dessas reflexões, surgiu a ideia de propor à equipe de professores do colégio que atuo de participar da dinâmica do "Anjo", que consistia em sortear os nomes dos colegas, como uma espécie de "amigo oculto", e cada professor deveria "cuidar" do seu colega sorteado. Então surgiram (de forma oculta) diversos mimos, uns com os outros: um bilhetinho de incentivo no armário da sala dos professores, bombons e chocolates deixados na cadeira do professor, carinhos espalhados... até o dia da revelação!

Mais do que uma troca de gentileza e cuidado, a proposta propiciou que os educadores se aproximassem, dialogassem e estreitassem suas relações. E nesses novos diálogos, surge uma dupla que se tornou muito especial! O papo e as coincidências de vivências foram tantas, que um dia os recebi em minha sala, e juntos pensamos na possibilidade de deixarem transbordar suas experiências e trocar com os demais. Assim surgiu o "Projeto Acolhimento" e a importância de dialogarmos mais sobre saúde mental.

Os professores Janaína Nogueira e Jefferson Bruce aceitaram o desafio de dinamizarem um momento da nossa Jornada Pedagógica do início do ano letivo e falarem sobre o tema com todos os professores do colégio.

A experiência foi sensacional! Tanto que logo expandimos as reflexões para um encontro com os responsáveis, numa reunião de pais do colégio.

Observando os dois profissionais crescerem e se aprofundarem de forma tão respeitosa a um tema tão delicado, o que me cabe é me encher de alegria e orgulho!

Emociono-me e aprendo mais cada vez que os escuto.

SOBRE OS AUTORES

Cecilia Santos

Nutricionista há 18 anos atuando em atendimento consultório. Graduação em nutrição UERJ. Pós-graduação em clínica pela UFRJ. Pós-graduação em Nutrição esportiva IPGS. Pós-graduação em Nutrição fitoterapia funcional pela VP. Pós-graduação em nutrição na endocrinologia e metabolomica pela VP.

Orcid: 0009-0000-9540-7847

Luciane Pellon

Psicóloga Clínica (CRP28.530/05). Formada na Estácio de Sá-Nova Friburgo 2001. Formação em psicoterapia breve - Instituto Cultural de Nova Friburgo, 2003. Especialização em psicologia da saúde- PUC/RJ, 2010. Formação em gestalt terapia pelo Instituto Carioca de Gestalt Terapia – 2018.

Orcid: 0009-0001-5662-1768

Nívia Vivas

Psicóloga Clínica (CRP 05/54059). Pós-graduanda PUC/RS. Diretora do *Vivendo & Aprendendo Espaço de Terapia e Educação*. Especialista na área da infância e família. Ditada, coordenadora e supervisora clínica em grupos de estudos e cursos voltados a psicólogos e educadores. Formada em Terapia Cognitiva Comportamental-TCC. Membro do núcleo de prevenção da infância e adolescência, coordenado por Evânia Reichert - Vale do Ser.

Orcid: 0009-0007-1209-2482

Ronaldo Carestiato

Formado em Licenciatura Plena – Educação Física – 2002 – UFRJ. Personal Trainer desde 2005. Pós-graduado Prescrição do treinamento para grupos especiais e doenças crônicas – CBEFIS- 2024.

Orcid: 0009-0005-0990-2013